内蒙古财经大学实训与案例教材系列丛书

市场营销教学案例

主　编　苏日娜

中国财经出版传媒集团
经济科学出版社
Economic Science Press

图书在版编目（CIP）数据

市场营销教学案例/苏日娜主编．--北京：经济科学出版社，2018.12
ISBN 978-7-5218-0051-7

Ⅰ.①市…　Ⅱ.①苏…　Ⅲ.①市场营销学-教案（教育）　Ⅳ.①F713.50

中国版本图书馆CIP数据核字（2018）第283388号

责任编辑：于　源　冯　蓉
责任校对：刘　昕
责任印制：范　艳

市场营销教学案例
主　编　苏日娜
经济科学出版社出版、发行　新华书店经销
社址：北京市海淀区阜成路甲28号　邮编：100142
总编部电话：010-88191217　发行部电话：010-88191522
网址：www.esp.com.cn
电子邮箱：esp@esp.com.cn
天猫网店：经济科学出版社旗舰店
网址：http://jjkxcbs.tmall.com
北京密兴印刷有限公司印装
787×1092　16开　8.5印张　187000字
2023年8月第1版　2023年8月第1次印刷
ISBN 978-7-5218-0051-7　定价：35.00元
（图书出现印装问题，本社负责调换。电话：010-88191545）

前　　言

中国的市场营销在经历了引进、消化、吸收和创新之后，企业营销实践取得了卓越成就，涌现出了许多成功的企业，展现了经典的营销案例，体现出中国企业的经营风采，为中国经济的发展做出了积极贡献。随着经济发展和社会进步，市场营销环境发生了重大变化。顾客需求日益个性化、体验化和参与化；产品生命周期逐渐缩短；技术创新的速度不断加快。企业必须紧跟市场营销发展趋势，更好掌握营销新动向，在变化的环境中寻求生存和发展的机会，为顾客、社会创造更多价值。

市场营销学是一门以消费者为中心，研究企业营销活动及其规律的学科，具有综合性、实践性、创新性等特点。企业实践证明，市场营销是企业将潜在市场机会转化为现实市场机会的最有效手段，正因如此，市场营销学已成为高等院校经济管理类专业的核心课程，是当今社会非常受欢迎和重视的学科之一，市场营销学的基本原理、理论和方法被广泛应用于企业、政府、非营利组织等不同领域。在不断变化的环境中，如何将营销学理论应用到实践中，做到知识的融会贯通，学以致用，是需要解决的重要问题，案例分析是解决这一问题行之有效的手段，是掌握市场营销方法与技巧、洞悉市场营销现象并把握其内在规律的捷径。

市场营销案例对企业的营销实践进行描述和分析，并对企业面临的营销问题进行分析和思考，通过现实营销场景，使学生置身于营销实战中，以决策者的身份思考企业运营问题，有助于增强理论学习的趣味性。通过营销案例学习，能够帮助学生理解和掌握市场营销理论及其应用，有利于培养学生解决营销问题的实践能力，同时也有助于实务工作者进一步思考和探讨市场营销理论在实际工作中的应用。

本书按照市场营销学的理论体系，以市场营销学的理论框架（价值营销）为主线进行编写，紧密结合当前营销环境，精心设计、收集和整理了经典营销案例，系统反映了市场营销领域的研究成果和发展趋势，突出了营销新理念在企业实践中的应用和经验积累。

本书具有以下特色。

(1) 秉持变与不变的辩证思维。尽管营销理念、企业运营模式、营销方式等变化非常大，但营销学的规律还是基本保持不变的。案例分析不但要讨论变化的内容，还要关注其背后不变的营销理论和原理。本教材秉持市场营销变与不变的辩证关系，选用优秀企业的经典案例，总结归纳这些企业结合中国国情演绎出的营销理念，有助于把握营销理论的核心内容和在实践中予以应用。

(2) 突出中国营销场景导向。市场营销与本土化相结合，是市场竞争环境变化下企业经营的重要特征。在任何市场，都必须针对目标市场的具体营销环境，采用差异化的营销组合策略，以满足这些市场的需求。本教材选用的企业营销案例，其营销理念与营销组合策略都与中国市场营销环境及其变化紧密地联系在一起。因此，这些企业的营销经验，对于结合中国经济社会发展的实际情况进行分析讨论、借鉴参考等方面具有较强的现实性和可操作性。

本书适合作为普通高等院校经济管理类相关专业市场营销课程的配套教材，也可作为企业经营者和市场营销人员在营销实践中的参考用书。

本书由内蒙古财经大学长期从事市场营销教学工作的教师团队编写。苏日娜教授任主编，包迎春、鑫颖、刘媛媛为副主编，韩庆龄、潘斌、李静、李景东参与了编写工作。具体分工是：苏日娜、刘媛媛负责编写第一章，包迎春负责编写第二章，李景东负责编写第三章，刘媛媛负责编写第四章，韩庆龄负责编写第五章，李静负责编写第六章，潘斌、韩庆龄负责编写第七章，鑫颖负责编写第八、十章，潘斌、包迎春负责编写第九章。

在本书的编写过程中，我们参考了大量文献和近年来市场营销学界的典型案例，在此对涉及的专家、学者表示衷心感谢。遗漏未能列出的参考文献，敬请作者谅解。

本书由内蒙古财经大学提供了资金资助，经济科学出版社的编辑们为本书的出版发行做了大量细致而又艰辛的工作，在此表示诚挚的谢意。

由于水平所限，本书不足与不当之处，敬请广大读者批评指正。

编者

2023 年 5 月

目　录
CONTENTS

第一章　市场营销导论

市场营销（marketing）是指个人或集体通过交易其创造的产品或价值，以实现一定目的的行为。企业的市场营销活动是建立在了解消费者需求的基础之上，确定企业可以了解和引导的目标市场，吸引并留住消费者，与其建立良好的顾客关系。市场营销学的研究对象是“以消费者需求为中心的市场营销关系、市场营销规律及市场营销策略”。研究企业的市场营销活动并为其营销管理服务，是市场营销学的基本立足点。市场营销本质上是一种以顾客需求为导向的经营哲学，它基于四大支柱：目标市场、顾客需求、整合营销和盈利能力。

第一节　晨光文具：铸就“笔王”传奇

【相关理论】

企业所面临的市场就是一个不断变化的环境，市场变得越来越成熟，消费者也变得越来越精明，厂商需要不断地推出新的营销策略以满足目标市场的需求。现代企业营销管理不仅要求企业有把握时机的敏锐性、正确决策的能力，还要求企业有洞察环境、预测未来的前瞻性，只有这样才能适应不断变化发展的世界。企业的营销战略规划一方面受企业总体战略的影响，另一方面也会反过来影响公司总体战略。

【教学目标】

1. 通过本案例学习，了解聚焦战略的意义和适用条件，理解市场营销是企业的核心职能。

2. 理解企业市场营销管理过程的步骤，认识市场营销战略对企业发展的重要意义。

【案例正文】

一、上海晨光文具股份有限公司概况

上海晨光文具股份有限公司（以下简称“晨光文具”）是一家整合创意价值与服务

优势、倡导时尚文具生活方式、提供学习和工作场景解决方案的综合文具供应商，主要从事晨光及其所属品牌学生文具、办公文具、儿童美术等产品的设计、研发、制造和销售。公司于2015年正式在上交所挂牌上市。

（一）主营业务

作为中国文具行业的知名企业，公司形成了儿童、学生、办公、时尚四大产品阵营，涵盖10大类54小类的文具产品系列，产品线的广度和深度均位居国内文具产业前列。尤其在制笔领域，连续多年在中国轻工业制笔行业十强企业中排名第一。

公司的传统核心业务部分主要是从事品牌书写工具、学生文具、办公文具及其他产品等的设计、研发、制造和销售；新业务部分主要是发展办公一站式服务平台——晨光科力普，互联网和电子商务平台——晨光科技以及直营大店——晨光生活馆、九木杂物社作为深受中国消费者喜爱的民族品牌，晨光正在开创一条中国文具的创新之路，完成从中国制造向中国创造的华丽蜕变。近年来，APEC会议、博鳌亚洲论坛、全球CEO大会等国家级高端会议现场均可见到晨光文具的各类产品，展现出晨光打造“世界级晨光”的愿景。

（二）公司主要经营模式

公司拥有独立完整的从品牌、产品设计研发、原辅料采购、产品制造、供应链管理、营销网络管理到仓储物流的健全经营体系，独立面向市场进行经营活动。

1. 研发模式

公司建立了从消费价值设计，到产品设计，到产品模具开发，再到品牌形象设计的“全程设计系统”，采用趋势化、主题化、体验化的开发模式，以消费者洞察为出发点，从全品类角度开发新品。位于上海的晨光文具工业园，总占地面积达350亩。中国制笔工业基地、中国制笔中心、国家级工业设计中心，以及中国轻工业制笔工程技术重点实验室均落户于此。2019年晨光文具实验室正式获得中国合格评定国家认可委员会（CNAS）认可，检测能力与世界接轨。每年公司投入超过1亿元人民币用于产品和技术的设计研发，生产线上的新品只需7天就能呈现在全国的所有零售终端，目前已拥有专利近800项。晨光文具多次获得金点设计奖、红星奖等重量级设计类奖项，多款产品斩获国际设计大奖——德国iF奖、德国红点奖、日本G-mark大奖、美国IDEA奖，彰显了晨光文具国际一流的设计实力。

2. 制造模式

公司实行“以销定产、自主生产和OEM委外生产相结合”的品牌制造模式，拥有独立的原材料采购、产品生产和销售系统，在市场上建立了自己的品牌，并具有文具设计、研发、制造与销售的全产业链优势。

3. 销售模式

基于文具产品特性以及国内文具消费的现状，公司针对性地建立了以区域经销为主，结合办公直销、直营大店销售、KA 销售和境外经销的销售模式，并且率先在国内文具行业规模化开展零售终端的品牌销售管理和特许经营管理。晨光文具在全国覆盖超 8 万家零售终端，拥有晨光生活馆、九木杂物社等 442 家零售大店，产品远销 50 多个国家或地区，合作伙伴遍及全球。公司在过去十余年持续保持两位数的快速增长，2020 年总营收 131.3 亿元人民币，同比增长 17.9%。

二、“聚焦战略”使晨光异军突起

国内的文具行业有一个特点就是门槛很低，但是其中不乏一些有实力的大供应商。比如广东的真彩、齐心、宝克、树德、金万年、智高、联众等众多品牌；浙江省有得力、广博、贝发、启路、爱好、爱华等；上海则包括晨光、英雄、中华等名牌；山东有白雪；其他的还有金德利、乐普升、现代美、致尚创美、华杰等。其中，比晨光先上市的有广博、齐心、中华。2009 年之前，销售比晨光多的有贝发、得力等，其中贝发是 2008 年北京奥运会文具类赞助商。晨光要从这一大堆品牌中成功突围，胜算其实并不大。所以晨光从一开始就制定了一个“最低标准”——专攻中性笔。

中性笔源于日本，由樱花（SAKURA）公司于 1984 年研制成功并推向市场。但真正确立了中性笔诞生的，是 1988 年日本派通（PENTEL）的“Hybrid”。中性笔兼具自来水笔和圆珠笔的优点，书写手感舒适，价格合理，更适合时代发展的需求。在文具领域，“得中性笔得天下”已是公开的秘密。中国批量生产中性笔的是 20 世纪 90 年代中期的贝发公司，随后真彩、晨光等也开始生产中性笔。目前，国内多数中性笔均为代工产品，比如说，90% 的滚珠和 80% 的油墨都是进口的，且国产笔的品质大多只停留在学生这一级别的消费层面上。但是因为中国有巨大的人口红利，就是学生市场下面的细分市场做好了，同样能取得丰厚的回报。

晨光的可贵之处，是在中性笔的技术和品质上作了很多改进：进口日欧系的油墨，保证了色泽纯正；采用类似百乐的针管型设计，降低了掉珠的发生率；仿制派通的笔尖，整合了针管和子弹头的优势，推出葫芦头、半针管笔尖等产品。综合来看，和国内供应商相比，晨光中性笔的技术含量较高，价格适中，性价比很高。中性笔市场终于给晨光带来了可喜的成绩，2021 年上半年实现营业收入 76.86 亿元，同比增长 61.43%；归属于上市公司股东的净利润 6.66 亿元，同比增长 43.43%；每股收益 0.72 元，总资产 93.33 亿元，净资产 52.14 亿元。

三、不断优化的市场营销策略

（一）逐步完善的产品策略是其成功的坚实基础

1. 升级产品结构，完善产品布局

通过升级产品结构，完善产品整体布局，使得高品质、高性价比产品线不断扩充，产品品类更加丰富。根据公司战略和对市场的深刻洞察，2017 年公司布局四条产品赛道，多管齐下，持续扩大公司产品的市场占有率。

（1）大众产品：公司首次在产品开发、市场推广策略中全面贯彻消费者洞察，形成围绕消费者的业务闭环。重点品类如书写工具和本册等表现亮眼。

（2）精品文创产品：积极拓展精品文创市场，开发精品文创产品，打造精品文创专区，提供专属商品解决方案，扩大公司产品在精品文创市场占有率。

（3）办公产品：通过产品品类扩充、业务模式创新、办公店和办公专区快速扩展，公司办公产品销售占比持续上升，办公产品市场占有率不断提升。

（4）儿童美术产品：加快拓展儿童美术市场，推出 M&G－KIDS 和 M&G－ARTS 系列专业美术产品，在渠道打造儿童美术专区，配套道具形象不断升级，儿童美术产品影响力进一步提升。

2. 加强设计研发，保证产品质量

圆满完成重点品类开发计划，并达到一年开发新品超过 2 000 款。在水性书写介质材料和高品质画材方面的研发和制造取得突破，掌握了核心技术；中性速干产品、易可洗水彩和魔法变色水彩的成功开发和顺利量产进一步增强了产品品类的阵营。产品质量与消费者价值和消费者满意息息相关。生产一支笔需要经过 40 多道程序操作，任何一道程序出了差错，生产出来的都是废品。正是对于材料和技术等方面的改进，晨光的品质在用户中具有很高的认同度。2020 年公司防断芯自动铅笔荣获美国 IDEA 设计大奖，从而囊括了工业设计国际四大奖项（德国红点奖、德国 iF 奖、日本 G－mark 奖、美国 IDEA 奖）。公司设立"晨光全球设计中心—以色列工作室"吸引更多的海外优秀设计师资源赋能产品与品牌。连获两项中国轻工业联合会科学技术进步奖一等奖，从而使得产品力持续提升。

（二）针对目标市场制定灵活多样的销售策略

1. 运用精准营销迅速崛起

晨光首先提出学生文具概念，甚至将目标人群精确到中学女生，当时在很多人看来像个笑话，但现在看来，切入到位，也证明了再细分的领域也可以做到行业寡头。刚开始时，晨光主打低价策略，"售价仅为同行的 1/3"，但是效果并不好。2002 年后逐渐开始扩充生产基地，规模化生产。产量上来后再打折促销，一年售出 200 多万套产品。没用几年，所有的对手都意识到：晨光的崛起已是一个不可阻挡的事实。

晨光还非常善于对流行趋势的预判，针对女中学生专门设计一些美观的新产品，很快获得她们的喜爱，很多晨光的新品一出，就在学生群体中流行起来，晨光的口碑效应也慢慢建立起来。

2. 利用情感营销推进品牌升级

随着品牌知名度与用户好感度的提升，为推进品牌升级，在 2018 年高考之际，晨光文具登陆纽约时代广场，用独特新颖的方式为即将奔赴考场的高三学子加油助威。公司为鼓励考生而特别设计的“晨光666考试笔”，这款“晨光666考试笔”主打“考场黑科技”，不仅书写顺滑、握感舒适，而且突破常规的大容量笔芯和全针管笔头设计，可以实现3倍书写时长。同时，将这款笔的名称命名为“晨光666考试笔”，在精神层面赋予考生正能量文化，以帮助考生达到更好的考试体验，充分发挥考场优势，从而迈出实现人生理想坚实的一步。

在2018年的考试季中，晨光文具还策划了一系列暖心的活动，为高考学子加油助威。例如，5月25日晨光文具携手麦当劳，在全国10个城市10家麦当劳店里，共同创建了“陪战自习室”，高度还原教室场景，为喜欢在麦当劳“K书”的考生们带来温暖。此外，晨光文具还在考试期间策划了“陪战应援篷”“陪战应援店”“陪战生活馆”“66位素人陪战”等一系列陪战高考活动，为高考生送上最贴心的关怀，让众多学子大呼温暖。

（三）深耕传统渠道同时开拓新渠道

公司非常重视加强对传统终端的掌控能力，通过九木杂物社、晨光生活馆和晨光科技形成从消费者洞察到销售实现的闭环。聚焦重点终端，推进渠道优化升级，主要表现为：推进单店质量提升，升级单店提升模式并在全国重点终端快速推广；连锁加盟升级，快速推广二代加盟店道具及形象使用；持续推进配送中心升级，优化硬件软件，进行专区打造。

1. 深耕传统渠道

零售大店稳步发展，积极打造精品文创店组货和服务模式，试点优化晨光生活馆，全面发展九木杂物社。截至2020年末，公司在全国拥有441家零售大店，其中晨光生活馆80家、九木杂物社361家。一方面，公司持续升级精品文具店晨光生活馆，通过升级店铺形象、优化组品方案和场景陈列，提升单店运营质量，提高坪效，输出公司高价值产品，促进产品升级和渠道升级；另一方面，积极拓展精品杂货店九木杂物社，建立了清晰的品牌定位和场景模块，通过满足消费升级带来的文创产品的消费需求，进一步拓展公司在精品文创市场占有率并促进公司品牌升级。2020年，零售大店业务受新冠疫情影响较大，下半年客流量逐步回升，晨光生活馆（含九木杂物社）实现总营业收入65 484万元，同比增长9%。

2. 开拓电商新渠道

在消费升级的时代背景下，传统行业也要赶上电商的潮流。晨光于2011年启动电子商务，最先是在淘宝开店，现在已在各大电商平台建立品牌旗舰店，其中天猫一家旗舰店每年就有上百万订单。加快发展线上分销渠道，精准匹配流量爆款产品开发，多款线上专供产品开发落地，提升晨光产品线上销售；外部直播合作和品牌自播体系搭建相结合，提高品类推广效率和品牌露出机会。线上业务增长幅度显著高于行业水平。

（四）公司内部管理在各方面得到不断提升

纵观晨光这些年的发展，生产方面，各中心联合针对造型设计、结构设计、模具设计与制造、注塑与装配、成品检验与客户投诉等各个环节进行技术分享，缩短了产品开发周期，降低了生产成本，提高了生产效率和产品质量。笔头工厂全面运行 MES 系统极大提升管理效能，实现对笔头厂的物料、生产、质量、工时、效率、设备保全等方面进行数据化管理和分析，为实现智能化工厂打下基础。人力资源方面，根据公司发展需要，引进了一大批物流、品牌、市场、财务、IT 信息架构等方面的资深专业人士，保证了新业务的顺利开展，人力资源流程体系建设进一步推进。IT 方面，IQC（来料检验分析系统）上线，实现了检验标准的统一。结合 2017 年重点项目（IQC、注塑品质管理、设备管理）的推广，实现了车间异常的可视化预警、品质的产量变化情况可视化、产量实时汇总分析，提升了工厂智能化水平和生产信息化能力。

【案例评析】

作为国内文具行业的领军代表，晨光文具在消费升级的新时代背景下，依靠市场营销和创新两个企业核心职能，紧紧围绕消费需求打造消费场景，把体验作为内核。晨光输出的是有内容、有态度的好产品；与消费者的活动，是有故事、有温度的情感互动。重视产品升级与渠道升级，讲好中国文具品牌故事，相信未来晨光文具能够在更广阔的国际舞台上傲然屹立，打造一支笔的“国货之光”。

【案例讨论】

1. 晨光文具成就“笔王”传奇的关键是什么？
2. 从市场营销策略角度分析晨光文具成就“笔王”传奇的原因有哪些？
3. 面对消费升级的大环境，晨光在渠道策略方面应该采取哪些措施？

【参考文献】

1. 晨光文具 2021 年半年度报告，晨光文具官网，2021 - 08 - 30，https：//www. mg - pen. com/corporatenews/info. aspx？ itemid = 1108&lcid = 48。

2. 晨光文具 2020 年度报告，晨光文具官网，2021 - 04 - 02，https：//www. mg - pen. com/corporatenews/info. aspx？ itemid = 1027&lcid = 48。

3. 海外网：《晨光文具登陆纽约时代广场　向世界讲述中国品牌故事》，消费日报网，2018 年 6 月 8 日，http：//chuangxin. haiwainet. cn/n/2018/0608/c348217 - 31331077. html。

4. 吴健安、聂元昆：《市场营销学（第六版）》，高等教育出版社 2017 年版。

第二节　塞宝燕麦：塑造健康食品品牌

【相关理论】

作为一门应用型的经营管理学科，市场营销学在其发展过程中，不断吸纳了经济学、管理学、社会学、行为学等多门学科的相关理论，形成了自己的理论体系。在微观层面，它将营销者置于复杂的环境系统之中，研究其为实现价值交换而创造产品或服务，制定与执行营销战略、策略计划，实现顾客满意和有别于竞争者的整个过程。在宏观层面，它将视野扩大到社会与自然方面，研究为满足社会和人类长期、整体的需要、欲望，实现国家、地区或某一特定领域潜在交换的理论和方法体系。

【教学目标】

1. 通过本案例学习，了解绿色农产品生产加工行业营销现状，以及消费者对于绿色农产品的需求状况。

2. 理解市场营销对于绿色农产品加工企业的重要意义，以及绿色农产品加工企业营销策略规划的思路。

【案例正文】

内蒙古气候寒凉、昼夜温差大、无霜期短、光照充足，是中国燕麦的重要产区。内蒙古全区燕麦常年种植面积稳定在300万亩以上，总产量约为6亿斤，播种面积和产量均居全国第一。目前燕麦加工品市场需求呈快速上升趋势。如燕麦片、燕麦速食面的销售额在持续增加，燕麦原料和成品燕麦片年进口也呈上升趋势。燕麦可广泛用于药品、保健品、食品、化妆品、酿造等行业。通过深、精加工，产值可十倍、几十倍的增长。未来的燕麦加工业有着长足的发展后劲和空间，有着巨大的潜在市场。

一、塞宝燕麦产业有限公司发展现状

内蒙古塞宝燕麦产业有限公司成立于1996年，为“塞宝集团”下属的具有独立法人的民营企业。企业位于内蒙古呼和浩特市金川开发区塞宝工业园，占地面积24 000平方米，拥有燕麦片、速食面类和面粉加工三条国内外先进设备的自动化生产线。公司成立初，就本着服务社会、造福人类的宗旨，利用内蒙古的独特资源——燕麦，运用现代化技术手段开发生产莜面、荞面、豆面、速食面等方便面条类食品，产品问世以来深受广大消费者的青睐。

2013年，内蒙古塞宝燕麦产业有限公司已拥有30多个品牌产品，并正以每月开发一个新产品速度发展，其中燕麦片的产量日产达50吨。燕麦片产品除公司自己使用外，还向其他厂家供应，是中国目前燕麦片工业包装的主要供应商，塞宝产品所用的原料来自塞宝有机燕麦种植基地。公司产品在1999年底前获得国家颁发的莜面速食面、精致莜面粉、燕麦片的绿色食品证书，2004年升级为AA级绿色食品，并获得了有机食品证书，是中国目前同类产品中唯一获得这两项殊誉的产品。

二、依托优势资源，塑造高品质产品

产品是塞宝品牌资产的核心，生产满足消费者需要的产品，是营销成功的前提。塞宝公司从消费者的需要出发，始终生产和加工高品质的燕麦产品，从而构建了以品质为主线的产品策略。

（一）建设有机燕麦种植基地，造就优良品质

塞宝公司燕麦产品所用原料主要来自租用20年土地建设的有机燕麦种植基地。并且选择标准较高的种植基地作为塞宝燕麦的原料基地，以保证塞宝燕麦产品的品质，树立竞争壁垒。基地分布在武川、和林、凉城县等地，该基地地处内蒙古高原，海拔高、无霜期短、昼夜温差大、日照充足、远离工业污染源，有着独特的无污染生态环境，造就了燕麦原料的优良品质。在种植过程中不使用任何化肥、农药、生长调节剂等物质，利用一系列可持续发展的农业技术，保持人与自然和谐的生态环境。相对于其他竞争者的竞品原料，塞宝这种原料的优势是产品差异化的物质基础。

绿色食品是指在无污染的条件下种植、养殖，施有机肥料，不用高毒性、高残留农药，在标准环境、生产技术、卫生标准下加工生产，经权威机构认定并使用专门标识的安全、优质、营养类食品的统称。AA级绿色食品则要求产品生产地的环境质量符合《绿色食品产地环境质量标准》，生产过程中不使用化学合成农药、肥料、食品添加剂、饲料添加剂、兽药及有害于环境和人体健康的生产资料，而是通过使用有机肥、种植绿肥、作物轮作、生物或物理方法等技术，培肥土壤、控制病虫草害、保护或提高产品品质，从而保证产品质量符合绿色产品标准要求。“塞宝速食莜面”于1997年就获得了全国首批绿色食品认证；燕麦片、莜面粉于1999年获得了绿色食品认证，2004年系列产品均升级为AA级绿色食品，并获得了有机食品认证，是中国目前同类产品中唯一获得此两项殊荣的产品。优良的品质极大地增强了塞宝燕麦产品的竞争力。

（二）研发新产品，引导消费

塞宝公司创立之初就将“开发内蒙古的地方特色资源，做中国燕麦产业奠基人”作为公司的奋斗目标。公司引进最先进的加工设备，运用现代化的科学技术建成了燕麦片、燕麦米、速食杂粮面条、莜面粉四条生产线，形成了规模化、规范化和自动化的生产流程，日产能力燕麦片50吨，日产能力燕麦米40吨。公司在全国50多个大中城市设有代理商，市场网络基本形成。

为实现将燕麦由早餐食品向正餐食用转变的理念，加大燕麦的消费量，2008年，塞宝公司在内蒙古农牧业科学院、内蒙古农业大学和全国燕麦科学家的大力支持下，研发并试生产了“有机燕麦香米”，经过近一年的市场测验，发现该品市场前景良好，经济效益和社会效益突出。2009年，塞宝公司投资3 000万元在燕麦的主产县武川建设了

有机燕麦米加工基地。该基地占地面积31 000平方米，建筑面积6 000平方米，拥有现代化的厂房和配套设施，采用我国目前最先进的加工设备和工艺，日生产能力40吨，可实现年产值上亿元。

（三）改进包装，提高产品辨识度

塞宝产品在包装方面体现了严格性和精细性。对包装生产企业的资质、卫生条件、运输过程中的包装情况、包装材料标准等进行详细的规定，在产品包装前，企业还要对包装进行再次消毒、灭菌，保证包装品质。如灭菌过程是采用8千克恒定压力，24小时不间断蒸气灭菌，这样使活性酶全部灭掉，由此不会使燕麦片出现拉链现象。在塞宝燕麦现有产品中，莜面粉和莜麦符合国家标准（GB），其余产品符合企业标准（QB）。同时卫生方面等也形成了相关标准，其中营养成分、包装等符合国家标准。为进一步提高产品质量，及时获取来自消费者的反馈信息，塞宝公司设置了投诉电话，主要解决有关产品质量的问题。并且通过代理商进行协调，以便更好地服务于消费者。公司根据以往常遇问题（如麦壳问题）进行整理分析，总结出相关应对方案，并在产品包装上告知顾客最佳的食用方法，这些措施使得塞宝产品深得消费者喜爱。塞宝系列产品连年获得内蒙古消费者协会推荐产品，多次被评为“百姓最满意的保健食品品牌”。

塞宝公司生产的燕麦产品以其优良的品质获得了消费者的认可，尤其是主打的燕麦片，具有较高的认知度。但在企业营销中仍存在一定的不足，例如目前产品包装主要包括塑料包装、桶装、礼盒装（玻璃瓶）三种形式，包装主要来自北京。因为防伪技术代价高、投入大、设计费用比较高等原因，产品包装上没有采取防伪技术，只有国家有机食品防伪标志。一个产品的价值60%来自包装，因为消费者有时候往往并不了解产品本质，借助于包装形象、文字说明、生动展示才能感觉到。好的产品包装不仅有助于生产者储存和运输，更有助于促进消费者购买，并用作识别商品的标志。

然而，从目前塞宝燕麦产品的包装来看，存在着包装简陋、缺乏美感，没有视觉冲击力，设计水平低的问题，从而降低了对消费者的吸引力，使消费者很难从产品包装上识别产品的特性及质量。此外，塞宝燕麦产品的包装设计忽略了消费者的消费习惯及文化品位，没有注明选购的理由和独特的卖点，使产品的附加价值较低。塞宝公司要想提高产品力还要在有形产品和附加产品层面上下功夫。同时利用自身的原料优势和区位优势，推出差异化的产品，先于对手进入细分市场来满足消费者的潜在需求。

三、倡导健康，塑造绿色品牌

国内外经济发展的经验表明，衡量一个区域的经济发展水平，其中重要的指标之一就是看品牌的发展状况。市场竞争的结果告诉我们，没有名牌的产业，就没有市场竞争力，而失去市场竞争力的企业，将失去自己的市场份额，因此品牌成为开启市场的一把金钥匙。随着大量的绿色食品，有机食品及无公害食品纷纷进入市场，竞争日趋激烈，塞宝公司也采取了一系列的品牌营销策略进行应对。

（一）注册商标，改进技术

塞宝公司较早对其产品品牌进行了商标注册，包括玉麦、沃地氏、铃铛麦、燕麦香和塞宝，其中“塞宝”是内蒙古的著名商标，具有一定的品牌知名度和美誉度。公司积极进行有关专利的申报工作，2011 年申报了两项专利，其中申请的专利项目之一：燕麦水洗改为干洗，使燕麦片生产过程中的污染、燕麦水分增加等问题得到有效解决。

（二）多渠道推广，提高品牌知名度

塞宝公司在企业形象的塑造和宣传推广方面，充分利用了参观考察和公关的功能，取得了良好的效果。为了满足人们对食品安全生产透明度的要求，公司在生产车间设置了参观通道，使消费者可以了解燕麦产品生产的全过程，对产品的安全、卫生产生信任。同时公司也很好地宣传了燕麦产品的优良品质。参观通道上布置的展品展板，讲述了燕麦的种植历史、品种、保健功能等，陈列了公司所生产的一系列燕麦产品，介绍了公司所取得的业绩及未来的发展战略，把参观与展览、生产与文化有机结合起来，从而既普及了燕麦保健、燕麦文化知识，又提高了企业形象。

公司董事长李世荣曾担任中国食品工业协会燕麦工作委员会副会长、中国作物学会燕麦荞麦分会常委、内蒙古燕麦产业协会会长、中国小杂粮技术创新战略联盟副理事长、内蒙古燕麦产业技术创新战略联盟理事长。在塞宝公司的积极努力下，内蒙古农牧业科学院、内蒙古塞宝燕麦食品有限公司、内蒙古农业大学、内蒙古工业大学、内蒙古郑氏燕麦开发有限公司、武川县农业局等单位，于 2008 年 8 月成立了内蒙古燕麦产业协会，这是我国成立的第一个燕麦产业协会，推动了内蒙古燕麦产业的发展。塞宝被燕麦行业界称为“中国燕麦产业的奠基人”“燕麦文化的倡导者”，成为燕麦产业的领军企业之一。

（三）宣传燕麦文化，树立品牌形象

塞宝公司多年来从事燕麦文化的挖掘和整理，对燕麦的营养价值、饮食文化、燕麦的栽培种植等做了大量的工作，组织公司研发人员撰写了一系列相关著作。2009 年，公司对莜面的传统吃法进行挖掘整理，向内蒙古自治区文化厅申报了《莜面传统吃法加工技艺》，并成功进入了第一批自治区非物质文化遗产保护项目，极大地提高了燕麦产品的文化内涵。

2010 年，在中国燕麦工作委员会等单位的支持下，以民营资本在武川县投入建成了“中国燕麦博物馆”，填补了农作物专门博物馆的空白，是一部燕麦农耕、饮食、健康和文化发展的物化史书，是农民种植燕麦科学教育的场所，青少年科普教育的基地，教学科研加工单位成果展示的窗口，燕麦的国际交流与合作集中展示的平台。中国燕麦

博物馆先后接待了参观者近 5 万人，为宣传燕麦文化、树立品牌形象形成了一个物化的标志，对今后中国燕麦产业的发展奠定了深厚的文化底蕴。

（四）明确品牌定位

品牌定位是建立一个与目标市场有关的品牌形象过程与结果。一个企业无论它的规模有多大，它所拥有的资源相对于消费需求的多样性和可变性来说总是有限的，因此它不可能满足市场上的所有需求，而必须针对某些自己拥有竞争优势的目标市场进行营销。塞宝公司燕麦产品的品牌定位是针对“三高”消费者的中低档保健食品，宣传健康的消费理念即“人人都知燕麦好，绿色健康选塞宝”。

塞宝公司的燕麦产品虽然在一定程度上得到消费者的认可，但在整体品牌规划上仍有不足，缺乏成熟的品牌运作方式，忽视对优质品牌产品的策划和宣传，使品牌形象缺乏，品牌地位不稳定。此外，由于品牌建设投入费用大，品牌效益短期内难以显现，品牌认知和识别困难，也制约了品牌的快速成长。与西麦企业集团的“西麦”和雀巢公司的“优麦”燕麦产品相比，品牌知名度和美誉度、认可度都较低。西麦企业集团以“燕麦精粹，精彩人生”为核心价值，全力打造“西麦”健康食品品牌，并在品牌价值不断提升的过程中，建立了覆盖全国的市场营销网络，形成了具有较高品牌忠诚度的消费群体，“西麦”的市场占有率已连续 6 年处于第一品牌的位置。雀巢公司的“优麦”在南方市场和高端消费者中具有较高的品牌知名度。

塞宝公司主要开发了西南市场和西北市场，在东部沿海地区和南方地区的市场占有率很低，品牌营销缺乏全面、独特、创新的传播策略。塞宝公司对商标保护工作方面不够重视，目前只是在食品当中的冲调类产品方面加注了商标保护，在其他领域还没有注册。比如“塞宝”品牌的拼音已在国际注册，有服装产品也注册了“塞宝”商标，这会影响塞宝公司的品牌影响力，降低消费者的品牌专注度。同时由于资金有限，公司没有申请驰名商标，在一定程度上影响了品牌美誉度的广泛传播，使塞宝品牌对高附加值产品支持不足，无法在高端市场建立较高的品牌知名度。由于缺乏系统、科学的品牌营销传播策略，难以建立鲜明的品牌形象及激发消费者的购买欲望。

四、建立高效的营销渠道

（一）以代理商销售渠道模式为主

塞宝公司的销售渠道主要以代理商销售渠道模式为主。根据目标市场产品需求的特点，公司在全国大中城市进行招商，与经营冲调类产品有实力的代理商合作，各代理商再进入超市或寻找分销商、零售商进行产品销售。根据代理商的经济实力、人脉、信誉度等因素，将代理商划分 3 个级别，重点扶持一级代理商，兼顾二级代理商，公司现有一级代理商 10 多个。一级代理商从企业代理产品后再送到二级代理商，二级代理商再分配到三级代理商。公司的代理商主要采取以下几种形式的代理模式：（1）最主要形式为以当地代理商的户头进到各地超市系统，但这种形式的成本高、难度大；（2）进入批发市场，少数在批发市场有实店的代理商在批发市场销售公司的燕麦产品，这种形式的销售速度较快，成本低；（3）在粮油店销售；（4）在药店销售，这是一种新兴渠道，潜力较大；（5）团购的形式，公司正在积极发展这种销售渠道。

塞宝公司的燕麦产品在全国 50 多个大中城市均设有代理商，市场网络基本形成。但是从销售市场来看，主要在西北地区和西南地区，如兰州、西安、呼和浩特、包头、石家庄等地。随着销售品种逐渐增加，销售额在逐年上升，现有营销渠道基本满足和保障了公司经营发展的需要，并且市场覆盖面在各个省级区域都有很大程度的提高，产品知名度也在逐步提升。

（二）与经销商建立良好的合作关系

塞宝公司为了对营销渠道企业进行有效管理，提高他们的销售积极性，采取了一些激励措施：公司为代理商企业留下 30% 的利润空间、代理商一年内无退货奖励 1 个百分点、超额完成任务、提前回款等均有奖励，同时为了及时了解市场信息和代理商的销售问题，公司规定了销售人员对代理商的拜访次数，如外省代理商每年的拜访次数，每周通电话的次数，询问关于产品、包装、价格、质量方面的问题，加快了与代理商、销售市场之间信息流的畅通，及时了解了市场变化的动态。

（三）借助第三方物流降低成本，密集渗透终端

塞宝公司在销售渠道企业供货管理方面，考虑到产品特性和汽车运输灵活性的特点，主要采取第三方物流公司汽车运输供货。为了有效降低物流成本，降低破损率，公司尽量凑整车进行供货，对方验收货物后再进行付款，以避免送货过程中的丢货现象。公司要加强对渠道的控制，渠道运作中体现“渠道下沉、渗透终端”思想，通过大量密集活跃的通路进入终端，并以此提高品牌价值，扩大影响力，推动销售工作可持续发展。

五、借助整合营销传播

整合营销传播（integrated marketing communications，IMC）是将所有与企业产品或服务有关的信息来源加以管理，使消费者和潜在消费者接触经过统一整合的信息资讯，发生购买行为，并维持消费忠诚度的过程。整合营销传播的核心是将与企业市场营销有关的一切传播活动一元化，把广告、促销、公关、CI、包装、媒体宣传等一切传播活动涵盖到营销范围内，将统一的信息传达给消费者。整合营销是一种适合所有企业信息传播及内部沟通的管理体制，这种体制追求尽可能与其消费者和其他公共群体（如员工、媒体、政府和社会团体）保持良好、积极的关系。整合营销既是一种营销理念和模式，

更是一种沟通手段和管理体制。近年来，塞宝公司积极进行营销传播活动，取得了较好的效果。但是，由于缺乏营销理论的指导，导致其传播活动缺乏统一和长久的战略定位，表达的企业整体形象不够清晰准确，对自身价值观的把握与传播较为肤浅，影响了品牌形象的广泛传播。

在消费者的需求日趋差异化、多元化和个性化的今天，媒体传播由大众时代迈向分众和个人化时代，新的技术手段、传播思想层出不穷。塞宝公司为谋求发展，需要把整合营销传播作为一种指导实践的营销理念和模式，通过不同的传播工具在不同渠道传播彼此关联的企业信息，从而达成公司的战略目标。

【案例评析】

内蒙古塞宝燕麦产业有限公司把燕麦文化植入公司品牌文化之中，积极宣传健康的消费理念，致力于燕麦文化的挖掘和整理，包括燕麦饮食、燕麦健康、燕麦与文学艺术等方面，对燕麦文化的传播做了大量的工作。企业依托产地优势，将燕麦的健康消费理念传递给众多的消费者。塞宝公司在市场营销中，将内蒙古优势的燕麦资源，开发为高品质的燕麦产品，塑造了良好的品牌形象，通过关系营销与政府、科研机构建立了信任、合作的关系，为企业特色、健康产品营销营造了良好的发展环境，建立高效的营销渠道，提高营销效率。同时，借助整合营销传播，在燕麦行业中具备了较高的品牌知名度和美誉度，成为企业良性发展的重要基础。

【案例讨论】

1. 结合本案例分析，内蒙古塞宝燕麦产业有限公司作为内蒙古特色农产品生产加工企业有哪些营销优势？

2. 什么是营销策略组合？你对塞宝公司的营销策略规划有何建议？

3. 塞宝公司的营销策略规划，对内蒙古本土特色农产品生产加工企业具有哪些借鉴意义？

【参考文献】

1. 周发明：《构建新型农产品营销体系的研究》，社会科学文献出版社 2009 年版。

2. 冯晓杰、牛晓艳、冯晓霞：《内蒙古农产品加工业发展现状、问题及对策》，载于《农村经济与科技》2018 年第 18 期。

3. 李静：《内蒙古农产品品牌发展模式与运行机制研究》，载于《中国农业资源与区划》2016 年第 1 期。

4. 王凤梅：《内蒙古燕麦种植情况调查研究》，载于《农业与技术》2015 年第 6 期。

5. 苏李、臧日宏、田国英：《中国农产品加工业集聚与绩效评价》，载于《软科学》2011 年第 3 期。

6. 李敏、易法海：《农产品品牌营销的前提与关键》，载于《现代农业科技》2007年第1期。

7. 内蒙古塞宝燕麦产业有限公司，www. syborgroup. com。

8. 吴健安、聂元昆：《市场营销学（第六版）》，高等教育出版社2017年版。

第二章　市场营销理念

市场营销理念作为企业营销活动的基本指导思想，对企业经营成败具有决定性意义。市场营销理念主要研究市场营销管理哲学在实践中的演变、现代市场营销观念的基本特征，以及企业全面贯彻现代市场营销管理哲学需要解决的主要问题。

第一节　南方航空：缘何成为用户满意标杆

【相关理论】

市场营销管理的实质是需求管理，在现实生活中，市场营销管理的任务，会随着目标市场的不同需求状况而有所不同。营销者通常需要应付各种不同的需求状况，调整相应的营销管理任务。

【教学目标】

1. 通过本案例的学习，了解航空企业塑造现代营销观念的重要性。
2. 认识顾客满意对于企业的重要意义，以及航空企业实现顾客满意的措施。
3. 分析知名企业的营销观念塑造过程及借鉴意义。

【案例正文】

2017 年 11 月 22 日，由中国质量协会和全国用户委员会主办的 2017 年满意中国年会暨中国国家顾客满意度指数（CNCSI）信息发布会在浙江宁波召开，会上中国南方航空公司荣获全国“用户满意标杆”称号，并获得中国国家顾客推荐指数航空服务第一名。

一、中国南方航空公司发展现状

中国南方航空股份有限公司（China Southern Airlines）简称南航，总部设在广州，成立于 1995 年 3 月 25 日，以蓝色垂直尾翼镶红色木棉花为公司标志，是中国运输飞机最多、航线网络最发达、年客运量最大的航空公司。南航相继开通广州—温哥华—墨西哥城、广州—凯恩斯等国际长航线，提高北美、伦敦、东南亚、南亚等航线密度，航线网络进一步完善，国际化转型持续加快，与国内外合作不断加深。

二、中国南方航空公司面临的营销环境

（一）政府引导，规范航空业发展

近年来，国家密集出台了多项鼓励民用航空尤其是通用航空产业发展的政策。如2012年5月工信部发布的《高端装备制造业“十二五”发展规划》，2012年7月国务院下发《国务院关于促进民航业发展的若干意见》为我国通用航空产业的发展提供了良好的政策环境。2017年9月21日，民航局公布《关于把控运行总量调整航班结构，提升航班正点率的若干政策措施》文件，由于此前经常出现机场高负荷运行、航班准点率大幅下滑等问题，为了保障航空业安全生产，民航局对航空供给侧进行调控，这也被市场称为航空供给侧改革。2017年冬春航季，21个航班时刻主协调机场维持机场容量标准不变，航班时刻协调分配严格执行机场容量标准；主协调机场取消非协调时段，实施24小时全时段航班时刻协调分配管理，重点机场实施航班时刻总量管理；另外，准点率持续较低的机场要调减航班总量。

根据民航局统计的数据，2017年上半年民航航班正点率急速下滑，2017年7月更是达到历史低点的50.76%，其主要原因是此前大部分机场高负荷运转，同时加上恶劣天气影响。在2017年9月份民航局公布航空供给侧改革文件之后，航班正常率出现非常大幅度的好转，2017年11月航班正常率达到84.59%，创历史新高。由此可见，政策执行的力度较大，航空供给侧改革进入实质阶段，航班正常率也有望继续维持高位。

（二）航空需求快速提高，二、三线城市需求潜力大

航空业与宏观经济具有较强的相关性，当宏观经济向好时，商务活动需求增加，从而带动商务旅客需求增长，进而促进航空总需求的增长，航空长期的增长也主要取决于宏观经济的增长。2006~2016年，我国人均可支配收入的年均复合增速约为11%，随着我国人均可支配收入的提升，近年来因私出行需求增速也在加快，加上消费升级的带动，虽然宏观经济增速放缓，但航空需求仍然保持较高的增速，并且预计未来较长一段时间，这也将成为航空需求持续增长的主要支撑。

短期来看，二、三线城市由于消费升级带来因私出行需求增长超预期，使得居民航空出行总需求增长强劲。由于一线城市受到机场和空域产能瓶颈限制很难有较快的增长，促使航空公司将运力下沉到产能相对充裕的二、三线城市机场，这样正好满足由消费升级带动的居民航空强劲增长的需求，形成近年来二、三线城市航空供需均处于较为旺盛的状态。

随着中国进出口贸易和国际经贸往来的日益频繁，航空运输需求正不断增长。中国

航空货运正处于一个强势增长的阶段，运量也在不断增长。国家统计局发布的《2014年国民经济和社会发展统计公报》显示，2014 年民航完成货物运输量为 593.3 万吨，比上年增长 5.7%，民航完成旅客运输量 3.9 亿人次，比上年增长 10.6%。未来中国航空运输业务将会以每年 12% ~15% 的速度攀升。

（三）行业竞争激烈

整体来看，航空需求端呈现国内航线增长平稳、国际航线持续回暖的稳定上升的局面。根据民航局的数据，2017 ~2018 年冬春航季计划日均航班量约 14 460 班，同比增长 5.7%，增速同比下滑 3 个百分点，计划航班总量增速同比减少 2.9 个百分点。由于航班总量被严格控制，预计未来增加航班和加班航班的审批会更加严格，然而短时间机场扩充产能也不太现实，航空公司只能通过提高航班正常率来缓解供给压力，也因此当前航班正常率持续走高。在航班时刻增量收紧和航班正常率持续走高的背景下，航空供给端增速会愈加收紧。

此外，航空公司的产能扩充也即运力引进计划也是决定供给端增速的重要因素之一，根据此前三大航（中国国际航空、中国东方航空、中国南方航空）、春秋、吉祥等航空公司披露的数据来看，预计 2018 年合计客机引进和运力引进增速分别为 7.4% 和 7.5%，与前几年数据相比有明显下降，在当前民航局对供给端控制较为严控的政策背景下，预计未来航空运力引进增速也会逐渐放缓。目前，各地都在发展以航空城为载体，以机场为核心，综合开发航空运输、物流、商务会展、旅游休闲及机场民用产业的计划，使机场及周边地区成为推动区域经济快速发展的发动机。重点发展国内外航空公司总部、航空服务、高技术研发中心、咨询公司、金融服务、娱乐、餐饮、酒店、商务办公、健身休闲等，以此应对越来越严峻的行业竞争压力。

（四）油价带来的成本压力持续存在

从 2014 年下半年开始持续到 2016 年，原油价格大幅下跌进入低位，航空燃油成本下降，由此也带动了航空国际航线需求的快速增长。在经历 2017 年的震荡反弹之后，2018 年原油价格表现为 V 形走势，上半年油价一度下跌至年内低点 44.35 美元/桶，随后下半年由于中东地缘政治局势动荡，催化油价强势反弹。油价的变化对行业整体利润具有一定的影响，意味着航空企业的低成本优势不复存在，航空公司在成本端也不断面临较大的压力。

三、中国南方航空公司的营销理念

（一）强化枢纽功能

1. “双枢纽”战略布局

在北京枢纽，南航进驻北京新机场，北京新机场南航基地项目顺利开工，确保

2019年打造广州—北京“双枢纽”的战略布局。在广州枢纽，南航持续打造“广州之路”，通过全面开通“通程航班”业务、推广二维码电子登机牌服务强化中转功能，进一步巩固中国大陆至大洋洲、东南亚的第一门户枢纽地位。2017年，南航在广州枢纽中转旅客人数达到392.8万人次，同比增长15.5%。2017年，南航与美国航空开展战略合作，打造“规范化、一体化、智能化、国际化”发展方向。

2. 发展国际航线

自“一带一路”倡议提出、新疆明确丝绸之路经济带核心区建设目标后，南航在新疆已连年增大投入。2017年，南航在新疆投放了15架新飞机，创造了新飞机引进最高历史纪录。

2017年3月31日，南航集团与新疆维吾尔自治区签署战略合作协议，全力推进乌鲁木齐国际航空枢纽建设。截至2017年底，南航在新疆已形成了与国内39个城市、自治区内15个城市、中西亚和欧洲的14个国际城市连接的航线网络，在自治区执飞国内国际航线86条，乌鲁木齐枢纽通航点增至68个，可通达周边哈萨克斯坦、土库曼斯坦、俄罗斯、巴基斯坦、格鲁吉亚、伊朗等11个中西亚、欧洲国家。比什凯克、莫斯科、第比利斯、圣彼得堡、迪拜……这些“一带一路”沿线重要城市都可以看见南航班机的身影。乌鲁木齐枢纽建设是南航服务国家“一带一路”倡议的一个缩影。包括乌鲁木齐枢纽在内，南航的广州、北京“双枢纽”和厦门等重要枢纽与“一带一路”建设高度契合。以广州为核心，可以辐射东南亚、南亚、大洋洲；以北京为核心，可以辐射北美、欧洲、中西亚、中东、东亚；以新疆为核心，可以辐射中亚、西亚；厦航是南航的子公司，以福建为重点，可以发挥海上丝绸之路重要枢纽的作用。南航的机队规模超过750架，每天有2 000多个航班飞到全球40多个国家和地区、224个目的地，提供超过30万个座位，在“一带一路”重点涉及的南亚、东南亚、南太平洋、中西亚等区域，南航已经建立起完善的航线网络，航线数量、航班频率、市场份额均在国内航空公司中居于首位，已成为中国与沿线国家和地区航空互联互通的主力军。

（二）不断改进服务手段，提升服务品质

1. 通过多种手段改善服务品质

南航致力于改善服务品质、提升旅客出行体验。南航在国内率先推出计算机订座、电子客票等业务；引进开发了收益管理系统、运行控制系统、财务管理系统、人力资源系统、货运系统、办公自动化系统等广泛覆盖各流程的信息系统，信息化优势明显。建有中国第一、全球第三的超级货站，以及中国最大的航空配餐中心等设施。

2017年，南航开通无障碍网站，升级机上医疗志愿者项目，在航空业品牌价值评选中位居国内航空公司之首。为旅客在新接收的空客A330-300机型上应用了全新一代机上娱乐与互联系统，并在15架飞机上升级机上Wi-Fi服务，开出民航首张航空旅客运输电子发票，启用了国内首个人脸识别智能化登机系统，实现231项“南航e行”服务功能，标志着旅客全流程一体化的智能体验进入了新阶段。

2. 完善航空设施，提高服务保障

机务维修方面旗下广州飞机维修工程有限公司（GAMECO）建有亚洲最大的飞机维修机库，南航与德国 MTU 公司合建有国内最大、维修等级最高的航空发动机维修基地。中国南方航空股份有限公司是中国国内一家拥有独立培养飞行员能力的航空公司，与全球知名飞行模拟器制造商 CAE 合资建立的飞行训练中心是国内规模最大的飞行训练中心。货运方面，南航强化广州、上海枢纽货运航线网络建设，形成了南航快运、温控运输、限时运输、国际邮件、贵重货物运输为主的货运综合产品体系。

3. 成立航餐公司，提升顾客旅行体验

航空餐食的水准和质量，是航空公司整体服务水平的体现。作为国际化航空公司，南航持续提升包括餐食体验在内的全流程服务水平，实现航食供应一体化是其中重要一环。2018 年，南航整合全公司航食系统资源，重组成立新的广州南联航空食品有限公司，目标是将其打造成为中国餐食最好的航食公司。新公司整合航食加工、供应、研发、配送等业务，推进航食系统一体化和产业转型。

近年来，南航在空中餐食方面不断创新，以更好地满足广大旅客的味觉需求。2014 年，南航正式开通网上订餐服务，覆盖广州始发至欧、美、澳、中东等 12 条国际长航线的 18 个航班，提供包括南航牛肉大碗面、腊味煲仔饭、客家酿豆腐等 20 款南航特色空中餐食预订服务。目前，南航网上餐食预订服务已覆盖 41 条国内、国际航线。2015 年，在广州—奥克兰航线上，南航与奥克兰顶级名厨合作推出新西兰特色风味餐谱，得到了旅客的一致好评。目前，南航网上餐食预订服务已覆盖 41 条国内、国际航线。

（三）建构南航特色的社会责任体系

1. 发布社会责任报告，设立社会责任日

南航高度重视企业社会责任，将企业社会责任管理融入公司战略。目前南航已建立起一套具有南航特色的社会责任体系架构，形成了创造效益、回报股东；创造价值、回报社会；创造服务、回报顾客；创造机会、回报员工；关爱地球、绿色飞行的社会责任观。2007 年南航率先发布了中国民航业首本社会责任报告，开启了南航的系统化履责之路。至 2018 年，南航已连续 11 年发布了 11 本社会责任报告。2018 年开始，南航将每年的 4 月 22 日设立为“南航社会责任日”。南航在新疆分公司正式挂牌建立第一个社会责任示范基地，并将 CZ6886 航班（广州—乌鲁木齐）命名为“南航社会责任号”航班，在万米高空中向旅客发放宣传资料、开展互动问答。

2. 积极履行企业社会责任

南航积极履行社会责任，保障多次维和包机任务和地震灾区救援，深入多地开展定点扶贫，机上救助突发伤病旅客超过 1 500 名，为救助旅客返航、备降 32 次，致力于为旅客提供贴心、满意、人性化高质量服务，关爱助学志愿行动荣获全国“最佳志愿服务项目”。2017 年南航响应国家“一带一路”倡议，全力打造广州、北京“双枢纽”战略布局、完善航线网络布局及全方位开展国际合作的新进展。在“一带一路”沿线国家和地区已开通了172条航线，每周投入2 200多个航班，承运旅客1 500多万人次。

在打造“阳光南航”的步伐中，“人文关怀”这四个字正不断地转化为阳光的精神面貌和阳光的行动，同时从南航内部向外扩展，将吸引和凝聚更多的人参与。2016年8月初，南航在机上救助治疗方面再推新举措，正式向持有执业医生资格证的医务工作者推出“机上医疗志愿者”计划，旨在鼓励医生乘坐航班时对需要急救的患者进行紧急施救，提高机上突发伤病救助效率。从为机上急病旅客备降、返航，到首倡“机上医疗志愿者”计划，南航一步步用实际行动践行着“真情服务”。

南航还积极开展慈善公益、志愿服务，开展“精准扶贫”，全年投入扶贫资金2 000多万元，帮助上万人脱困脱贫。其中南航新疆分公司是南航“精准扶贫”工作的“排头兵”，分公司自2014年派出工作人员在新疆和田地区皮山县皮西那乡开展驻村扶贫，为当地脱贫做出积极贡献。为进一步履行企业社会责任，南航新疆分公司挂牌成为南航第一个社会责任示范基地。

近年来，南航“十分”关爱基金会分别为大连海事大学、广西大学、宁夏大学、吉林大学捐赠100万元励学金。南航“十分”关爱基金会秉承“创造价值、回报社会”的经营理念，南航股份公司按照每年运送旅客数量从每张机票款中捐出“10分”钱注入该基金，年注入金额近600万元。顾客每乘坐一次南航飞机，就有“10分”关爱投入助学兴教、扶贫济困、赈灾救援、抗击疫情等社会公益活动。目前，南航“十分”关爱基金会定期捐助的高校有20余所，累计向各高校捐赠助学金共1 000多万元，全国有4 200余名家庭经济困难、品学兼优的大学生接受了资助。这些社会活动也使南航扩大了在公众中的良好形象和地位。

3. 深化企业绿色发展战略

在可持续发展方面，2017年南航进一步深化绿色发展理念，减少温室气体排放。据统计，2017年南航仅在飞行方面就节约了航油2万吨，减少二氧化碳排放6.3万吨。南航还将绿色发展理念融入服务中，将低碳环保与服务连接，通过创新产品和服务模式，用电子信息化代替传统的纸质营销，减少服务流程中用纸，鼓励更多旅客在自身行为中融入环保，提升环保意识。南航还推出了航空旅客运输电子发票服务，鼓励旅客使用电子发票替代纸质行程单，该项变革每年将至少可以少砍伐3 200棵大树。

2017年，南航圆满完成了春运、“两会”、墨西哥首航、广交会、“一带一路”国际合作高峰论坛等重大保障任务，交出了一份令人满意的服务答卷。国际航空运输评级组织（Skytrax）于2017年6月20日发布全球最佳航空公司排名，南航居第23位，提升9位，上升幅度居中国航空公司第一位。南航还于2018年2月被国际知名咨询机构品牌金融（Brand Finance）评为航空业品牌价值全球第6名，居国内航空公司之首。

【案例评析】

航空运输企业是服务行业的典型代表，因此，顾客满意度对于航空企业的发展具有重要的意义。从整体来看，南航提高顾客满意的核心，在于持续提高顾客的服务价值感受。安全是基础，运行是保障，服务人员直接与旅客互动，整个公司最终向旅客呈现的是航空服务，南航服务系统的“阳光南航”、真情服务的目标，包含贴心到位、温馨精致的空地服务，也包含专业高效、安全快捷的客货服务，其服务质量已达到国际一流水平。南航通过这些因素，让顾客感受到更高的服务质量和体验。同时，现代企业的竞争归根到底是品牌竞争，建立美誉度更高的品牌，是航空公司发展和壮大的根本保证，南航依托其服务体系和高度的顾客认同，建立了良好的品牌形象。由此可见，南航始终坚守真情服务底线，创新服务形式、延伸服务链条，增强乘客的获得感是其发展的主线。

【案例讨论】

1. 请分析中国南方航空公司的营销观念。
2. 结合案例分析企业顾客满意度受哪些因素的影响。
3. 中国南方航空公司成为行业服务满意标杆来自哪些因素。
4. 请为航空企业提高顾客满意度提出一些建议。

【参考文献】

1. 孙佳媛：《论航空客舱服务管理人员的职业素养对航空企业品牌形象的意义》，载于《赤峰学院学报（自然科学版）》2017 年第 23 期。

2. 李飞、马燕：《服务型品牌低价定位点的形成机理——基于美国西南航空和沃尔玛的案例研究》，载于《技术经济》2016 年第 9 期。

3. 江群：《基于乘客需求的民航客舱服务创新研究——以武汉职业技术学院航空服务专业为例》，载于《科技创业月刊》2015 年第 19 期。

4. 田利军、李春玲：《并购提升航空公司竞争力实证分析——来自全球航空运输市场的经验证据》，载于《北京交通大学学报（社会科学版）》2015 年第 2 期。

5. 吴健安、聂元昆：《市场营销学（第六版）》，高等教育出版社 2017 年版。

第二节　大窑嘉宾：延续经典情怀

【相关理论】

分销渠道包括产品（服务）从生产者向消费者转移过程中，取得产品所有权或帮助所有权转移的所有企业和个人，其职能在于消除产品（服务）与消费者之间的分离。有效的渠道设计以确定企业所要达到的目标市场为起点，市场选择与渠道选择相关联，有利的市场加上有利的渠道才能使得企业获得利润。渠道设计的中心环节，是确定到达目标市场的最佳途径。渠道设计之后，还要重视对渠道成员的管理，主要是对中间商进行选择、激励与定期评估。

【教学目标】

1. 通过本案例分析，了解营销观念的核心内容及重要性。

2. 通过案例分析内蒙古本土企业的营销观念塑造过程。

【案例正文】

大窑嘉宾作为内蒙古呼和浩特市本土的品牌企业，不仅是一种饮料、一种味道，更是代表了“80后”消费群体对童年的追忆。夏日炎炎，自己和家人、远道而来的老友在闲时喝上几杯清凉见底的大窑嘉宾，儿时的美好记忆就像嘉宾甘甜入心。

一、大窑饮品有限公司的发展

大窑嘉宾企业全称为内蒙古大窑饮品有限责任公司，由军工企业转制而成，前身为始建于1983年的呼和浩特市八一饮料厂。2006年5月正式更名改制为呼和浩特市大窑食品厂。由于呼和浩特市原大窑食品厂为私营独资企业，为适应时代发展，提高企业竞争力，2016年12月21日升级变更为内蒙古大窑饮品有限责任公司，是内蒙古自治区一家销售碳酸性饮料为主的现代化企业，发展已30年有余，主要销售“大窑”及“大窑嘉宾”等碳酸性饮料。其中“大窑”商标在1992年被自治区评为“著名商标”，并多次荣获呼和浩特市消费者信得过产品称号；2015年12月获得呼和浩特市知名商标认定委员会颁发的著名商标证书。

内蒙古大窑饮品有限责任公司产品20多年一直畅销内蒙古自治区内，并辐射到北京、天津、河北、山西、陕西、宁夏、四川等省区。同时，发挥企业经营机制灵活、市场反应速度快、营销策略灵活有效的优势，紧盯市场需求和变化，坚持走特色经营之路，在激烈的市场竞争中，显现出顽强的生命力。大窑公司一直将“树知名品牌，做百年企业”作为企业的经营目标，为消费者提供高品质的产品及服务，发扬军企的品质，努力打造市内乃至全国性的品牌，争做百年企业。内蒙古呼和浩特市的消费者对大窑嘉宾有着特殊的感情，品牌忠诚度方面，消费者对大窑产品一直保持较高的认可度。

二、用心做“健康时尚、令人愉悦”的饮品品牌

自1983年大窑嘉宾创立品牌，在呼和浩特市各个餐馆、超市大窑嘉宾都是主要的饮料消费品，直到现在呼和浩特市消费者对大窑的喜爱依旧不减。大窑嘉宾从过去的经典绿瓶，到现在已经发展到了多种口味，清爽可口，甘甜清香，一直延续着经典、健康、发展的理念，配方在原来的基础上进行了改良，保持初心的同时又融入了新的元素。经济的发展和人民生活水平的提高，促使城乡居民生活方式不断变革，对餐饮业也有了的新要求，健康、环保和绿色消费成为时尚，大窑嘉宾应发挥民族品牌的优势，注重传统与现代的结合，顺应以健康为主的餐饮理念，使消费者能够身心愉悦，成为大众

心中健康时尚的餐饮饮品。

（一）关注每一次消费者需求变化带来的发展机遇

大窑嘉宾的内在动力就是消费者的需求。产品的市场与消费者的需求有着直接影响。现如今市场经济的发展也为餐饮业的发展提供了更科学和理性的发展机遇。其中消费者作为重要的角色对品牌的影响是不容忽视的，在研究消费者心理、消费结构、消费趋向等“需求侧”问题的同时，认识到女性消费、“互联网+”消费在强势崛起，时刻关注消费者需求的变化，通过消费拉动产能，以消费促进生产。在消费者需求得到满足的前提下，要加强创新力度，敢于攻坚，迎接挑战，充分发挥企业的潜力，提供一个更加舒适、绿色、健康的消费环境给消费者。

（二）专注于员工满意度，给予员工足够的尊重及发言权

企业的发展要尊重和保护员工的权利，员工满意度是衡量一个企业经营效果的重要标准之一。首先，大窑公司提供发展的机会和平台给内部的员工，使工作的内容和环境符合员工的期望，员工对工作的满意度被提升，从而坚定他们的信心和决心，提高企业的竞争力；其次，员工的工作要被企业领导认可，只有保证员工的薪酬和他们所付出的劳动呈正相关，才能帮助公司树立团结一致共同努力的信念，员工最希望的就是公平、公正、公开的局面，领导是否公平对待员工，直接与绩效挂钩，关系到员工的积极性；再次，大窑作为呼和浩特市地区标志性的企业，在工作环境上能够充分满足内部员工的需求，一个舒适的工作环境对于员工来说，可以极大地提高工作效率；最后，一个诚信、和谐、团结的工作氛围可以使员工对工作群体的满意度得到巨大提升。

三、把握市场机会、拓展市场空间

（一）地区经济快速发展，饮料行业发展空间大

目前我国整体的食品饮料行业正处于高速发展时期，饮料业的市场还有很大的开拓空间。呼和浩特市是拥有人口基数比较大的首府城市，伴随这几年社会经济的发展，呼和浩特市经济的发展速度明显高于全国其他省会，饮料行业在呼和浩特市还有长足的发展空间，前景非常可观。呼和浩特市饮料的消费市场还没有完全打开，还有很大的发展空间。

（二）消费需求品质提高，注重饮品健康

从生活品质方面来看，随着呼和浩特市居民经济收入的提高，生活质量的改善，生活方式的改变，更多的消费者愈加重视饮食的健康指标。在这个健康意识不断加强的时代，大窑嘉宾生产的气泡型饮料不占据一定优势。目前市场上，如沙棘汁果汁、纯果蔬

健康饮品以凸显补充维 C 的含量较为吸引广大市民的目光，且大部分消费者随着生活水平的提升都比较认可 PET 瓶装饮料。目前在餐饮行业及超市消费市场，果汁成为畅销的饮料产品，受到青年群体青睐和追捧，使之成为饮料行业消费的一大闪光点。随着呼和浩特市近几年生态旅游景点和生态观光园不断建设，这也为饮料行业 KA 渠道扩大了销售量，2017 年大窑嘉宾也开始全力研发属于自己的果汁饮料，并且大窑嘉宾很受呼和浩特市大多数老百姓们的喜爱。

同时，大窑嘉宾根据企业自身的实际情况不断完善自身的供应链系统，这对大窑嘉宾在呼和浩特市缔造稳固地位不可或缺。大窑嘉宾企业很少投入大量的广告，从始至终只专注于采用优质的原材料制作健康的产品，赢得当地人们的认可，这也归因于大窑嘉宾企业拥有稳定忠实诚信的供应商，其长期提供优质的水源及无添加剂的蜂蜜、白砂糖，长期以来价格稳定，促使大窑嘉宾在产品方面很少出现质量问题等负面影响。

（三）情感因素对饮品消费影响较大

情怀是个很难准确描述的东西，它往往和童年、少年记忆有关，总是和从小养成的消费习惯联系在一起。当消费者看见某件和小时候有关的食品、物品，可能现实中并不是很需要它，但还是愿意掏钱把它买下来，这就是情怀。如果这件东西不仅能够找回童年和少年时期的味蕾、兴致，而且还质量可靠、价格合理，自然会受到消费者的青睐。大窑品牌在 80 后消费者中具有很大的影响，“儿时的记忆”“童年的味道”让很多消费者对大窑品牌自然而然产生亲切、熟悉和喜爱的情感，同时大窑嘉宾的味道、口感也深受消费者喜欢，成为就餐、娱乐、休闲时的首选。同时，随着 80 后消费者成为父母，也把自己的消费理念传递给了孩子，使新一代的消费者也在童年就建立起对大窑嘉宾的印象和喜爱，为大窑嘉宾新一代消费者的培养、企业的长远发展奠定了基础。

四、塑造经典情怀，打造本土品牌

生活水平的不断提高，使得呼和浩特市消费者的消费心理和理念发生巨大转变。追求纯天然的、健康绿色的食品，追求个性时尚品牌和包装，消费群体发生了很大改变，给予大窑嘉宾企业很多市场细分的机会。

（一）用“儿时的味道”延续经典情怀

人们说起碳酸饮料，一般会想到可口可乐，但是在内蒙古呼和浩特市，大窑嘉宾是广大人民群众的首要选择。

1. 传统口味，承载回忆

大窑嘉宾企业经典的绿瓶、儿时的味道，在呼和浩特市大街小巷、超市餐馆 30 年如一日的流行，伴随着父辈的青春年少、满载了童年的记忆，同时，见证了呼和浩特市的时代发展。大窑嘉宾是本地品牌，已经不仅是一种饮品、一种口味，更承载着大多数

70 后、80 后两代人的童年回忆。在燥热的夏日，在寻常的家常饭店，和曾经的老朋友，喝着大窑嘉宾饮品，品味着往事，像极了大窑嘉宾的甘甜口感。

2. 经典包装，延续形象

玻璃包装由于可以多次反复使用，成本低，具有良好的耐腐蚀性，适合碳酸饮料的包装，适合生产线批量生产，而且安全卫生。这些优势特点完美符合了大窑嘉宾企业的包装需求，虽然市场上的包装方式多种多样，但是玻璃包装作为传统的包装方式仍然被许多厂家选择。而呼和浩特地区的大窑嘉宾企业，就选用了这种经典的绿瓶包装。

（二）打造本土品牌

大窑嘉宾在呼和浩特地区已经有 30 多年的历史，在本地饮料行业中的地位相对较高，广大市民对于这个品牌和味道很是认可、赞赏。最重要的是大窑嘉宾的饮品坚持口感的传承，所以现在市面上销售的饮品味道和口感与以往喝的味道相同，悠久的历史传承令人赞叹。直到现在，大窑嘉宾依然为本土民族企业的发展坚守着，坚持初心，始终如一。

1. 诠释“健康”的消费理念

近 30 年来，大窑嘉宾一直肩负着引领呼和浩特地区的市场，引导广大消费者，传递健康理念的主要责任。大窑嘉宾始终不遗余力地推崇着健康、时尚、营养的消费理念。同时，大窑嘉宾也在用自己的方式诠释着“健康”，为了确保嘉宾饮料的安全，守护广大消费者，大窑嘉宾建立了从源头开始的全产业链布局，优质原料、顶尖工艺、全程可追溯的质量保障体系，确保每一瓶大窑嘉宾都拥有优质、健康的质量。

大窑嘉宾顺应市场变革、消费者需求而不断升级，但从未改变的是对品质的坚守，是服务消费者的初心。在许多饮品竞争激烈、艰难的生存环境下，大窑嘉宾依然选用原来经典的配方，采用优质的原材料供应，使用优选白砂糖配制，难得的是在大浪淘沙的市场环境中始终贯彻保持原来的味道、坚持初心，始终如 。用心于健康时尚、令人愉悦的餐饮饮品。

2. 主打经典嘉宾口味

呼和浩特市大窑嘉宾企业拥有丰富的自然资源，企业采用深层地表水，水中富含多种矿物元素，可以调节、平衡健康体态，保证了大窑嘉宾品质。大窑嘉宾企业的原材料还拥有天然绵砂糖、山东地区的蜂蜜等特殊材料，用水质量高且无污染，给人一种甘甜却不失清爽的味道。这种特色的原材料让大窑嘉宾饮品立足于市场的强者之列，也符合大窑嘉宾企业将食品饮料做到内蒙古餐饮业饮品第一的远大目标。

“儿时的味道，永恒的滋味”是大窑的对外宣传语，在满足消费者功能性需求的同时也能产生对童年的追忆，因此大窑公司的主打产品就是经典嘉宾口味。大窑公司的这一品牌定位，使企业以感性的方式在呼和浩特市赢得了消费市场，大窑嘉宾成为朋友聚餐必不可少的饮品。

五、迎合需求趋势，不断创新

近几年，健康饮品一直是市场的一大热点，大窑嘉宾为了追寻时代潮流，满足广大消费者需求，通过增加生产线，加入了以沙棘汁为主的健康果汁饮品。实现产品的差异化策略，不仅拓宽了市场辐射范围，而且大大增加了企业的生存空间，对于今后产品市场上的发展提供有效的保障。大窑嘉宾拥有健康的原材料，符合了现在健康的消费心理和理念，成为大窑嘉宾发展的有力优势。

（一）增加产品线

大窑嘉宾企业是本地民族品牌，主要的消费者是 70 后、80 后，历经 30 多年的发展，广大消费者都已经成了忠实的顾客，而且企业秉承一致的口味，令广大消费者充满了时代的回忆。大窑嘉宾企业的饮品物美价廉，可以满足不同消费者的需求。而且企业紧追时代潮流，并推出天然健康绿色环保的饮品，符合当今消费者需求。呼和浩特地区人口流动广大，市场潜力巨大，近几年，呼和浩特地区餐饮业的不断发展，为大窑嘉宾企业的发展提供了更多的机会。

（二）完善销售渠道

随着当今社会的经济发展，大窑嘉宾的销售渠道日益丰富，由不成熟慢慢走向成熟，满足了渠道多元发展的趋势，可选择性也在不断增加，具体包括：商超渠道、旅游渠道、餐饮渠道、特供渠道、KA 渠道。多渠道的发展给大窑嘉宾的销售提供了多项选择，也为企业的发展提供了更多的战略选择。

（三）推出新口味

大窑公司坚持以经典的嘉宾口味作为主要的产品进行对外销售，因为大窑产品与其他饮料的销售渠道以及宣传理念有所不同，大窑从发展初期到现在一直是在强调情怀，是一种对美好的向往。然而，行业产品结构变化及消费者选择口味的变化，碳酸饮料在行业地位和占有比重方面略有变化，会在一定程度上影响销售额。因此，大窑公司已经进行碳酸与非碳酸饮料的新产品开发和推广。例如，野生沙棘汁以及大窑冰橙派等产品一经上市便深受消费者的喜欢，这也帮助大窑公司在激烈的市场环境当中占得一席之地。

【案例评析】

作为地区知名品牌，大窑嘉宾依托良好的品牌声誉，获得 70 后、80 后消费者的青睐，利用产品品质优势，持续塑造经典品牌形象，同时不断进行创新。大窑嘉宾用情怀稳定 70 后、80 后核心消费群体，“儿时的味道，永恒的滋味”将品牌与这部分消费者牢牢联系在一起。与此同时，大窑嘉宾通过产品类型、口味、包装、销售渠道等创新，不断拓展市场。可见，大窑嘉宾在营销过程中始终将消费者作为企业发展的核心。

【案例讨论】

1. 请分析大窑嘉宾的“经典情怀”“创新发展”，体现出企业怎样的营销观念？

2. 结合案例分析大窑嘉宾的品牌定位。

3. 大窑嘉宾通过哪些途径塑造“儿时的记忆”，在今后的发展中应如何维持目标消费群体的忠诚度？

【参考文献】

1. 《中国饮料消费人群数据调研报告》，载于《茶世界》2017 年第 2 期。

2. 胡瑾、孙丰国：《饮料品牌换装背后的商业逻辑》，载于《企业研究》2015 年第 8 期。

3. 赵慧、张文松：《我国中小饮料企业的品牌提升策略研究》，载于《技术与创新管理》2010 年第 5 期。

4. 刘馨遥、林丽敏、余江：《我国中小企业品牌建设现状问题及对策》，载于《当代经济》2009 年第 5 期。

5. 王蕾、周梅华：《国内品牌提升理论述评》，载于《商业研究》2008 年第 8 期。

6. 吴健安、聂元昆：《市场营销学（第六版）》，高等教育出版社 2017 年版。

第三章 营销战略

营销战略（marketing strategy）是指企业在现代市场营销观念下，为实现其经营目标，对一定时期内市场营销发展的总体设想和规划。营销战略作为企业的一种重要战略，在于提高营销资源的利用效率，实现企业资源利用效率的最大化。营销战略是企业发展的“导航灯”，也是企业应对市场变化的重要凭证。企业依据总体战略规划，通过营销目标的制定和实施支持服务于企业战略。其中目标市场营销战略和品牌战略构成了营销战略体系的重要内容，对保证企业总体战略实施起到关键作用。

第一节 锦衣卫衣架：立足小众的战略定位

【相关理论】

目标市场营销战略（STP）是市场营销部门根据企业战略规划，在综合考虑外部市场机会及内部资源状况等因素的基础上，确定目标市场，选择相应的市场营销策略组合，并予以有效实施和控制的过程。任何一个企业，无论其规模怎样庞大，都无法满足整体市场上的所有需求。营销者必须根据本企业的具体情况，通过选择目标市场，有针对性地满足某一部分消费者的特定需求，从而便于企业有效实施差异化战略。目标市场营销战略包括市场细分（segmenting）、目标市场选择（targeting）和市场定位（positioning）三个环节。其中，市场细分是目标市场选择和市场定位的必要前提，而目标市场选择和市场定位是市场细分的必然结果。

【教学目标】

1. 通过本案例学习，了解衣架行业的市场发展现状以及消费者对高端、时尚衣架的需求状况。

2. 认识市场细分和产品定位对企业实施差异化战略的重要意义，掌握分销渠道创新设计的基本思路与策略。

【案例正文】

广西桂林毛嘉工艺品有限公司的毛总2009年很发愁，毛嘉公司遭遇了一系列经营困难，在全球经济危机的波及下，毛嘉衣架在国际产业链的分工中所享有的利润率微乎其微。现有的微薄利润本来就难以消化原材料涨价和新用工政策所增加的人力资源成本，欧美客商还不断施压降价。毛嘉公司实在无力再在外贸市场挣扎下去，毛总期望尽快开发国内市场，实现销售目标，于是便组成专门的项目组，集思广益，执行相应的策划。而经过一系列的运作策划，毛嘉公司在不增加固定设施投资的前提下，截至2010年，产品上市一年内就实现了1 000万元的利润。

一、衣架的由来及发展历史

衣架是我国较早出现的一种家具，周朝开始实行礼制，贵族阶层对衣冠十分重视，为了适应这种需要，较早就出现了专门用来悬挂衣物的架子。各个朝代的衣架形式各有不同，名称也有所不同。春秋时期，横架的木杆，用以挂衣曰“桁”，又叫“木施”。

在宋代，衣架的使用较前代更为普遍，并且有形象的资料，河南禹县宋墓壁画梳妆图中的衣架，它由两根立柱支撑一根横杆，横杆两头长出立柱，两头微向上翘，并做成花朵状。下部用两横木墩以稳定立柱，在上横杆下部的两柱之间，另加一根横杆，以起加固作用。

明代衣架整体造型仍保持着传统模式，但用材、制作、装饰尤精。明清衣架造型典雅，装饰精美，雕刻细致，漆色光亮。古时的衣架到了现代又有了新的演变和发展，传统的款式和现代的实用功能相结合，产生了新的家居制品，别有一番韵味。

现代衣架是由一个名叫艾伯特帕克豪斯的工人发明的。当时他是美国密歇根州的一家金属丝及小手工制品公司制作灯罩的铁匠，一天他生气地发现工厂衣帽间的挂衣钩已被全部占用，他气冲冲地拿出一段铅丝，弯成大衣肩部的形状并在上面加了钩子。这个发明被他的老板据为已有并取得专利。

二、不同消费时代衣架行业的营销思维

（一）大众衣架的产品问题及市场机会

通过对消费者调研发现，目前市场上的大部分衣架样式雷同，质量一般，并存在两大问题：一是设计不科学，长时间把衣服挂在衣架上，会在衣服的两肩处留下类似折过的痕迹，甚至薄一点质料的衣服，还会在肩头凸出两个小尖山，等到拿出来穿时，就必须再处理一下，增加了工作负担；二是结构单一，目前衣服种类繁多，可现有衣架结构单一，早已不能满足挂各种各样衣服的需求。这样的调查结果后来在更多的消费者身上也得到同样的证实，其实，这也正是衣架需要创新的源泉。锦衣卫就是基于中高端消费者对衣架产品的深层次需求而开发的，他们并没有在降低成本、压低销售价格上做文章，而是选择了一条和大多数衣架企业完全不同的优质优价路线。

（二）小众消费时代背景下的产品定位

中国衣架企业已经进入微利时代，在这不可扭转的大趋势下，要想在微利时代获得较高的利润，只有一条路可走，那就是关注小众化市场，发现大众化市场上尚未被满足的需求。锦衣卫就是看到了这样一个市场机会，用高品质、高价格的产品来满足中产阶层以上小众群体的需要。一个衣架产品要想卖出好价钱，一定要让目标消费者感到物有所值，既可以是在结构造型、生产工艺、用料做工上有优势，也可以在消费体验或品牌形象上有优势。

衣架最为基本的功能是在阳台上用来晾晒衣服和在衣柜中挂置衣服。随着中产阶级家庭的大量涌现，他们不再满足于生活的基本需求，更多的是追求品质、品位、时尚、身份、归属感等因素，以找到体现自己身份和地位的产品。也就是说，衣架企业不能仅仅停留在提供产品上，更需要明确告诉目标消费者，自己的产品能为客户带来什么样的独特价值。

三、思维突破：从日用品到时尚奢侈品

衣架产品作为快速消费品的一种，期望在众多同质化产品中脱颖而出，赢得消费者的眼球，一个基本的策划套路是把该产品打造成衣架行业的第一品牌，但是衣架又是一个关注度极低的产品，在产品属性不改变的情况下，品牌并不能影响消费者的购买决策，除非你的产品从本质上已经与其他产品有了差异或者具有技术上的新亮点。

针对这一情况，毛嘉公司放弃了传统的策划思路，采用了交叉置换法进行创意，把普通衣架与高级时尚品进行置换。普通衣架如何能做成高级时尚产品？以前的思维一直将衣架停留在日用品里，过分关注它的实用属性，所以总觉得不可能，而跳到时尚品里就有了增值空间，譬如，产品设计可不可以提升到使消费者一见产品就想拥有？产品的材质可不可以更高档？衣架的隐性功能可不可以被开发？于是他们找到了国内一家著名的工业设计公司，在这家公司的努力下，设计出了可以进入时尚领域的新衣架产品。当他们将新产品效果图呈现给很多女性顾客做测试时，大部分女性消费者竟然想立刻拥有，并问市场上哪里有卖。

消费者的理性和感性心理在不同情形下的表现存在差异。通常理性消费时，消费者对价格非常敏感，而感性消费时，其价格敏感度就大大降低了。普通衣架产品对于女性消费者来说，虽然每天会接触，但非常理性，因为一看就知道不值钱，也不可能花大价钱去买所谓的品牌衣架。而现在毛嘉公司通过产品创新设计，改变产品属性，让消费者看到的完全不是她原来认为的衣架，让她的消费心理趋于感性，产品价格自然就在其次了。

把几元价格的普通衣架产品，上升到奢侈品行列，这个创意开始时反对声非常强烈。反对派始终认为，没有人会愿意花几百元购买一个终日藏在衣柜里的衣架。而毛嘉

公司的信心来自对消费环境的分析。消费者特别是中产阶层目前不再满足生活的基本需求，而是追求品质、品位、时尚、身份、归属感，寻找体现自己身份和地位的产品。也就是说，毛嘉公司需要明确告诉目标消费者，产品能为他们带来什么样的独特价值，找到产品的价值点，把创意落地。

由于衣架产品的主要购买者是女性，她们不仅是自己消费品的购买决策者，也是家庭用品的主要购买者。在生活中，她们讲情调，追求品位，购物需求更加细致。她们不仅喜欢漂亮的衣服，也向往时尚的衣柜。于是，毛嘉公司为这款极具创意的衣架找到了一个名称“锦衣卫”，据此提出了“时尚家居搭档，漂亮服饰伴侣”的核心诉求，这不仅仅是为品牌创造了一个传播概念，更是为品牌充实了内涵，从而可以让目标消费者明白产品价值所在，并弥补心理价格与产品价格之间的落差，而市场的热烈反应也证明了这点。

当然，相对于广大消费者而言，中产阶层家庭的市场容量要小许多，但他们的消费能量及其出门在外的需求影响却不容小觑。毛嘉公司正是看到其中蕴含的巨大市场机会，放弃量大面广的低端市场，侧重高端小众市场，以便向主要的目标市场提供特色的产品和服务。

四、渠道推广：客户体验中带出需求订单

对于锦衣卫衣架来说，最可圈可点的就是毛嘉公司针对该衣架设计出的渠道推广策略，而这个推广策略可以说是极具巧合效应。

（一）偶然机会赢得星级酒店客户

当时，毛嘉公司即将召开锦衣卫新品发布会，在资金有限的情况下，项目组的工作人员只能尝试着拿产品换会务费的办法，带着锦衣卫衣架样品来到桂林最豪华的五星级饭店——桂林漓江大瀑布酒店同酒店负责人洽谈此事。没想到该酒店的客房部经理此时正为如何进一步提高旅客满意度而发愁，一看到锦衣卫衣架的高端定位和非常人性化的结构设计后非常高兴，当即决定为酒店的650间客房全部配套锦衣卫衣架。此举不仅给参加新品发布会的客商吃了一颗定心丸，促进了客商的当场大量订货，桂林市旅游局了解到漓江大瀑布酒店的创举后，还专门发文号召全市各星级酒店引进锦衣卫衣架，作为提高桂林市旅游服务质量的一个措施加以推行。

（二）放大酒店示范效应

为了放大星级酒店的示范效应，毛嘉公司在每个客房的书桌上放了一本《锦衣卫衣架产品画册》，详细介绍产品的研发思路、使用方法以及厂家招商方式，这个推广方式也取得了不错的成效，目前分布在全国各地的经销商，约80%的客户是通过酒店客房的亲身体验后找上门的。同时各酒店的商务部也取得不错的销量，因为有很多消费者非

常认同“恒型衣架”的价值，购买一套好衣架善待自己的名贵服装这个理念取得了多数高端消费者的认同。值得一提的是，许多旅客把高级酒店必须配套锦衣卫衣架当成了酒店的标准服务项目之一，他们在全国各地出差时，发现没有配备锦衣卫衣架，就会向所入住的酒店投诉，以至于许多没有听说过锦衣卫衣架的酒店也不得不前来联系采购。

（三）运用衣帽间展示

那么分销渠道是如何运作的呢？这又是锦衣卫衣架市场推广的特色之一。首批产品上市后，毛嘉公司在后续的消费者跟踪服务中，发现了入住高端酒店的消费人群同时也是别墅的消费群体，在现在的别墅格局中，主卧边都有一个敞开的衣帽间，而这个衣帽间不同于封闭的衣柜，这正是展示锦衣卫衣架的绝佳地方。针对这个消费者特征，锦衣卫经销商不需要开设店铺，他们只需要在城市的某个写字楼找一个 30 平方米的房间，一半装修成别墅的衣帽间用来展示衣架产品，另一半当成办公室就可以了。通过消费者愉悦体验后的口碑宣传，名贵服装店推荐的消费者，每个想买锦衣卫衣架的消费者在预约之后，经销商就可以提供一对一的销售沟通服务，此种销售方式的成交率在 99% 以上。

综上，为了降低成本，改善客户体验，毛嘉公司在前期的分销渠道上没有采用传统的进驻商场和服装专卖店的形式，甚至在网络上也没有投入宣传，把通常意义上的快速消费品营销变成了他们擅长的工业品营销，以维护好锦衣卫品牌的奢侈品定位。

【案例评析】

本案例中，毛嘉公司经过市场调研，运用目标市场营销战略理论为“锦衣卫”衣架找到了市场机会，使该产品有效占领了高端衣架消费群体的心智。锦衣卫衣架营销的成功之处，首先，在于企业通过市场细分及目标市场选择，迎合了高端小众市场对衣架的独特需求；其次，借助一系列的渠道推广活动，满足了高端品牌消费者的青睐。

【案例讨论】

1. 从市场细分和产品定位分析锦衣卫衣架对市场机会的把握思路。
2. 渠道设计通常应考虑哪些因素？本案例中毛嘉公司是如何通过渠道创新进行高端衣架市场推广的？
3. 洞察消费者深层次需求的途径有哪些？
4. 锦衣卫衣架是如何创造消费者的核心利益，实现差异化营销的？

【参考文献】

1. 陈旭军：《衣柜里的“锦衣卫”》，载于《中国中小企业》2010 年第 10 期。
2. 吴健安、聂元昆：《市场营销学（第六版）》，高等教育出版社 2017 年版。

第二节 达茂农畜产品：主打有机绿色品牌

【相关理论】

品牌战略是企业将品牌作为核心竞争力，以获取差别利润与价值的一种企业经营战略，它能够彰显和传递企业文化和产品核心价值，从而增强市场壁垒。随着市场竞争的日趋激烈，当代社会进入了一个品牌时代。品牌是引导消费者选择某一产品或服务的原动力，它代表着市场对该产品或服务的认可。而绿色营销是以绿色文化为其价值观念，通过制定及实施绿色营销策略，满足消费者的绿色需求，从而实现企业经营目标的一种营销行为。可见，绿色品牌营销是市场经济可持续发展对企业提出的必然要求。

【教学目标】

1. 通过本案例学习，了解现代有机绿色食品行业的发展趋势以及消费者对健康、安全食品的需求状况。

2. 认识品牌战略规划对企业发展的重要意义，掌握有机绿色产品品牌战略设计的思路。

【案例正文】

当前，有机绿色食品已经成为全球社会广泛关注的话题，有机绿色食品市场正在以年均20%～30%的速度增长，国内有机绿色食品产业将进入全面加快发展的新时期。随着城乡居民收入水平的提高、健康理念的普及、膳食结构的提升以及饮食文化的演进，有机、绿色、无公害食品正在成为越来越多人的追求，必然推动有机绿色农牧产业的强劲发展。

一、达茂旗有机绿色农畜产品经营现状

达茂旗是内蒙古自治区20个沿边旗市区和33个牧业旗之一。东邻乌兰察布市四子王旗，西接巴彦淖尔市乌拉特中旗，南连呼和浩特市武川县、包头市固阳县，北与蒙古国接壤，总面积18 177平方千米，农牧业资源丰富，有1.66万平方千米天然草牧场和120万亩耕地，马铃薯、牛羊肉、皮毛绒等农畜产品畅销全国。四季气候多样、日照充足、昼夜温差大，空气、水质、土壤长期处于低污染或零污染状态，这样的资源禀赋、区位条件，非常适宜发展绿色农畜产品种养业和加工业。

近年来，达茂旗政府大力发展现代农牧产业，逐步培育形成了一批有机绿色农副产品优势品牌。这些品牌均出自达茂旗境内24家中小型企业及合作社生产供应商，其产品全部在纯天然环境下生产加工制成，经过达茂旗有机绿色生产基地运输到达茂旗农畜

产品检验检测配送中心进行检测配送，减少了中间流通环节，保证了农副产品的质量以及新鲜程度。在农畜产品供应商中，其中肉类供应商为达茂旗德彪养殖专业合作社为首的7家合作社，专门提供各类有机绿色肉品的生产供应，并设有一家专业屠宰厂为其进行屠宰；鸡肉鸡蛋类产品共有3家中小型合作社进行供应，奶制品、牛肉干和奶茶粉等地方特色小吃共有3家中小型合作社进行供应；有机绿色粮油共有4家小型合作社进行供应；而各类综合产品供应商为6家，其中包括有达茂联合旗百灵酒厂。在达茂旗政府的大力支持下，目前生产种植加工农畜产品的各供销合作社在包头市乃至内蒙古西部地区现已形成专门经营绿色有机农畜产品的重要基地，陆续培育出了一批“达茂草原羊”“达茂乳制品”“达茂特产石磨莜面、荞面”“德彪有机牛羊肉”“达茂马铃薯”等自治区级注册商标的绿色有机农畜产品。

然而，由于达茂旗各专业合作社各自为战，整体发展水平较低，缺少大规模联合化发展；部分产品包装简陋甚至没有包装，有机产品缺乏营养指标和具体的元素，使消费者对有机绿色产品的认知产生怀疑。同时，由于当前市场上对有机绿色食品推广传播不够，同时提供的有机绿色食品同质化严重，导致消费者对有机绿色概念认识不清，再加上不少打着“有机、绿色”旗号的假冒伪劣产品充斥市场，导致难以在消费者心目中树立起可信赖的有机绿色品牌形象，这些问题的存在也制约着达茂旗有机绿色食品在市场上的快速普及。

二、洞悉营销环境，把握市场机会

（一）总体环境分析

1. 经济环境

2013年统计公报显示，达茂旗全年城镇居民人均可支配收入为29 687元，同比增长8.7%；农牧民人均纯收入10 932元，同比增长10.2%。全年农作物播种面积为59 853公顷，同比增长4.2%，其中粮食作物播种面积为41 377公顷，同比增长3.5%；全年肉类总产量23 631吨，同比增长4.2%。[①] “十二五”时期，包头市达茂旗克服农产品价格大幅波动、自然灾害频繁发生等不利影响，继续保持了持续稳定发展的好势头，农林牧渔业全面发展，结构不断优化，传统农牧业向现代农牧业加速转变，强农惠农政策体系进一步完善，为保持经济的平稳较快增长和社会和谐稳定奠定了坚实的基础。2013年，建成高效节水灌溉示范区4个，新增、改造灌溉面积5.4万亩。启动10个牧业产业化园区，新建牲畜棚圈3.8万平方米、青贮窖2.4万立方米。成立农牧业专业合作社96个，入社农牧民1 200余户，流转土地11.6万亩，为达茂旗现代农牧业长远发展提供了有力支撑。[②]

①② 资料来源：《达尔罕茂明安联合旗统计公报》（2013年），下同。

2. 资源环境

达茂旗总面积1.817万平方千米，有120万亩耕地和164万公顷天然草场。草场占可利用土地总面积的92%，其中可利用草场面积为149万公顷，占草场总面积的91%。得天独厚的自然条件、区位优势，低污染或零污染的空气、水质、土壤，为达茂旗发展有机绿色农牧业奠定了良好基础。近年来，达茂旗大力发展现代农牧业，打造形成了"达茂草原羊""达茂马铃薯"等一批优势品牌，获得了"达茂有机牛羊肉认证""达茂有机奶认证""达茂有机饲草料基地认证"三大国家级有机认证，农畜产品市场有着巨大的发展潜力和强劲的发展势头。

3. 科技环境

有机农业的概念最早出现在欧洲，20世纪80年代末传入中国。随着有机绿色农畜产品日益引发关注，消费者的购买需求也在逐渐增加。现代农业使用农药、化肥，使用不当会对土壤造成各方面的负面影响。氮肥是环境中亚硝酸盐的主要来源之一，亚硝酸盐有致癌风险，所以不使用农药氮肥的有机绿色农产品所带来的是一个大健康的概念。2013年，达茂旗政府加强科普宣传，开展农牧业实用技术培训2万人（次）。实施九华、塞北铃脱毒种薯繁育项目，微型薯总产量达到3 500万粒，为提升有机绿色产品的品质提供了有力保障。

4. 文化环境

2013年，达茂旗政府投入4 273万元，完成12个苏木乡镇总规、控规和百灵庙镇新城区、满都拉镇城市设计及农区47个行政村、牧区15个牧业产业化园区规划；编制全旗旅游、文化产业发展总体规划和哈撒儿景区、乡镇旅游景区、希拉穆仁草原休闲旅游区、百灵那达慕文化产业园、敖伦苏木古城文化产业园、黄花滩农牧生态旅游观光产业园等专项规划，保障了各项建设事业科学有序发展。同时达茂旗于2013年和2014年连续两年成功举办了中国游牧文化旅游节，使更多的人聚焦美丽草原、聚焦神奇达茂，聚焦丰富多彩、引人入胜的游牧文化。游牧文化旅游节举办的一系列文体、旅游、商贸活动将搭建展示草原、历史、民族、民俗文化的时代舞台，提升地区形象，增强地区文化吸引力和凝聚力，必将推动达茂旗农牧产业的进一步繁荣和发展。

（二）消费群体分析

1. 消费者认知水平

消费者对有机绿色农畜产品的认知水平是影响其购买行为的重要因素。对有机绿色农产品了解程度越深，经常购买有机绿色农畜产品的比例越大，偶尔购买的比例也随对有机绿色农畜产品的了解程度呈现增加趋势。对有机绿色农畜产品标签的认知程度表明，知道有机绿色农畜产品必须有标签的被调查者经常购买有机绿色农畜产品的比例最高，达到10.42%，偶尔购买过有机绿色农畜产品的比例达到68.75%。由于有机标签在很大程度上是了解有机绿色农畜产品的重要体现，这说明对有机绿色农畜产品的深入了解有助于促进消费者对有机绿色农畜产品的购买。

2. 消费者购买评价指标

在消费者对有机绿色农畜产品进行购买评价所考虑的各项标准中，近40%的消费者认为营养成分是第一位的，约21%的消费者认为价格是第一位的，20%的消费者认为是否有安全标识是第一位的，约10%的消费者认为口味是第一位的（见表3-1）。由此可见，营养、安全与价格在消费者心目中居于重要地位。

表3-1　消费者对有机绿色农畜产品的评价标准　单位：%

指标	第一位比例	第二位比例	第三位比例
价格	21.39	13.68	22.35
营养成分	39.69	27.36	12.14
是否有安全标识	20.04	20.62	17.34
口味	9.83	16.96	17.15
品牌	4.43	6.74	12.14

资料来源：根据课题组市场调研结果整理。

3. 消费者购买渠道

如果调查对象购买有机食品，约77%的消费者愿意选择到超市购买，约18%的消费者选择到专卖店购买，约9%的消费者选择到菜市场购买，另外，还有约4%的消费者愿意到农场去购买（见表3-2）。可见，超市已成为人们日常购买行为中的首选主要场所。

表3-2　消费者有机绿色农畜产品优先选择的场所　单位：%

购买场所	比例
超市	77.46
菜市场	9.25
专卖店	17.73
便利店	3.28
网上购买	0.39
农场	3.66

资料来源：根据课题组市场调研结果整理。

4. 消费者对品牌的重视程度

品牌是影响购买决策的重要因素。调查问卷分别给出知名品牌有机食品、非知名品牌有机食品、知名品牌非有机食品、非知名品牌非有机食品的价格，让消费者做出自己的选择。从表3-3中可以看出，无论是有机食品还是非有机食品，消费者明显倾向于选择知名品牌。这表明品牌在影响消费者的购买行为选择上还是起很重要的作用的。要占领有机绿色农畜产品市场，有自己独特的品牌是至关重要的。

表 3－3 消费者对四种不同组合的选择情况 单位：%

选项	比例
知名品牌有机食品	27.94
非知名品牌有机食品	17.34
知名品牌非有机食品	45.28
非知名品牌非有机食品	9.44

资料来源：根据课题组市场调研结果整理。

通过上述分析，随着人们对生命健康和生活品质关注度的提高，高品质、高营养含量的有机绿色食品获得越来越多的消费者青睐，追求天然、绿色、健康已成为当前人们的消费主流。从市场需求来看，以绿色食品为主的高端消费群体已经形成，而且越来越多的消费者正在进入绿色消费行列。从生产供给来看，我区以草原畜牧业和旱作农业为主的绿色农畜产品生产早已规模化并正借助科技走向成熟，设施农业的绿色化生产也已起步。达茂旗应充分利用国家关于发展有机绿色农畜产品的政策支持，把握市场机遇，规避环境威胁，同时改进自身不足，发挥产品的特色优势，做大、做强达茂有机绿色农畜产品市场。

三、立足产业优势，打造达茂有机绿色品牌

根据自治区政府办公厅颁发的《内蒙古自治区人民政府关于加快推进品牌农牧业发展的意见》的指导思想、目标任务和具体措施，达茂旗本着“打好有机绿色牌，构建高效营销体系”的原则，在旗政府的引导和支持下，首先开展了有机、绿色、无公害品牌和原产地标识的“三品一标”这项基础工作，同时建立绿色农畜产品现代营销体系，实现了绿色农畜产品与消费市场的有效对接。

（一）产品类别划分及品牌梳理

围绕达茂旗农畜产品区域规划布局，为加快发展绿色、有机、无公害和地理标志保护的“三品一标”农畜产品，加快产地认定和产品认证步伐，着力提高“三品一标”产业带动能力，逐步实现“一村一品”“一乡一品”“一旗多品”的格局，需要对达茂旗现有农畜产品进行梳理和规划。

达茂旗境内共有 24 家中小型企业及合作社生产供应商，生产肉类、面粉、食用油、奶制品、鸡蛋、酒类、水饺及其他土特产八大类产品 30 多个品牌。其中涌现出“达茂草原羊”、“达茂马铃薯”、“毕力格泰”奶食、“策格马奶酒”、“牧野德彪”有机肉、

“百灵河”系列白酒、“天喜”石磨小麦、“石宝黑猪肉”和“文公乡情”有机绿色食品等一批别具民族文化内涵和地方特色的商标品牌（见表3－4）。

表3－4　达茂旗有机绿色农畜产品种类及品牌

产品类别	品牌数量	品牌名称
肉类	10	德彪、绿宝、牧牛财、茂名安、吉勒、众力、誉丰、宏达、文公乡情、丰域
面粉	6	天喜、忠兴、硕惠、蒙盛达、文公乡情、丰域
食用油	3	乡村小子、草原明珠、文公乡情
奶制品	2	毕力格泰、文公乡情
鸡蛋	5	正源、俊英、畅顺、文公乡情、丰域
酒类	2	达茂王、百灵王
水饺	1	蒙香园
土豆、大蒜	2	九华、文公乡情

资料来源：根据《达茂旗农牧业局2014年度工作报告》整理。

在上述品牌中，经工商管理部门注册的商标有19个，其“达茂草原羊”被认定为“著名商标”，“达茂马铃薯”“毕力格泰”“牧野德彪”“百灵河”被认定为知名商标，“达茂草原羊”已申报中国驰名商标。已认定（认证）无公害产品生产企业5个、绿色产品生产企业29个、有机产品生产企业2个，全面推行品牌农畜产品。结合达茂旗地处少数民族边境地区，民族文化浓郁，农畜产品丰富的实际，突出地方特色，按照先培育、后认定的原则，围绕达茂旗牛羊肉、食用油、面粉、马铃薯、奶食品等特色优势农畜产品，着力打造一批“地理标志保护产品”“自治区著名商标”“自治区名牌农产品”，乃至“中国驰名商标”、“中国名牌农产品”等农畜产品，事关达茂旗乃至自治区现代农牧业发展和农牧民增收的关键品牌。

（二）明确品牌定位及发展规划

品牌定位是企业在市场定位和产品定位的基础上，对特定的品牌在文化取向及个性差异上的商业决策，它是建立一个与目标市场有关的品牌形象的过程和结果。依据营销战略规划的指导思想和总体目标，本着有机达茂、绿色达茂的价值主张，达茂旗有机绿色农畜产品品牌定位重点从以下几个方面着手。

一是制定区域公共品牌的长远发展规划，按照国家和省级优势农畜产品区域布局规划，确立区域的优势产业格局；积极注册达茂旗农畜产品区域公共品牌地理标志、原产地保护证明商标等，从机制上支撑起维护公共品牌价值的“保护伞”。

二是立足优势产业或主导产业，重点打造一批起点高、规模大、效益好、带动力强、影响面广的个别品牌。以确保产品质量为关键，挑选有实力的企业进一步重点培育扶持，建立层级递进的品牌培育机制，加快形成“培育一批、提升一批、推荐一批、储备一批”的品牌发展良好局面。

三是确立科学的品牌推进战略，构建由政府做后盾、基地为主体的整合营销推介体系，提升达茂旗农畜产品品牌的知名度和美誉度，旗政府着眼于营造地方文化氛围，推动区域内产业集群与外部经济体的合作与交流，积极搭建公共服务平台，为区域公共品牌的维护创造良好的环境。

四、运用多种方式，开展有机绿色品牌推广

（一）直营窗口，品牌展示

为提升达茂旗有机绿色农畜产品的品牌影响力，进一步扩大销售市场，让市民吃到绿色、纯天然的放心食品，同时增加当地农牧民的收入水平，旗政府农牧业局协助专业合作社在包头市先后开设了四家有机绿色农副产品直营店。直营店涵盖了肉类、面粉、胡麻油、奶制品、白酒等30多个品牌的200多个品种的有机、绿色农副产品，并以其绿色、无污染、有机的品质出现广大消费者面前。其中，有30多种产品远销北京、上海、广州等一线城市，并在北京建立了一处达茂旗绿色有机农畜产品、民族食品用品展示销售体验工作区。直营店经过近两年的经营，不仅在销售业绩上达到了预期水平，同时在市场宣传推广，提升达茂旗有机绿色农畜产品品牌知名度方面也取得良好的效果。

随着多元化营销渠道的崛起，直营店不再是坐等顾客上门买卖商品，其功能也发生了很大的变化，概念从直营专卖店逐渐转变为“生活体验馆”“文化休闲馆”了。此外，还继续拓展和完善直营店的其他功能，如形象展示、业务洽谈和情报收集等。

（二）文化搭台，营销唱戏

为让更多的市民和广大农牧民了解达茂旗有机绿色农畜产品，扩大品牌影响力，达茂旗政府于2013年7～10月举办了首届中国游牧文化旅游节。该文化旅游节是以游牧之乡达茂旗为核心，全面展示游牧民族文化和达茂旗本土特色旅游资源的文化盛事。

文化旅游活动，突出“游牧文化，悦赏草原多彩风情”主题，内容主要包括内蒙古民族歌舞剧院专场晚会、“永远的红色轻骑兵”达茂旗乌兰牧骑队员专场晚会，建旗周年大型成就展、书画作品等展览活动；同时举办了“万里茶道”中蒙俄汽车越野拉力赛、“极限挑战”汽车耐力赛、“疯狂汽车摩托”等活动。旅游活动重点突出“时尚牧旅、自在达茂”主题，主要包括希拉穆仁草原旅游节、石宝农耕文化节、文公乡情文化节，以及绿色西河文化节等活动。具体项目有“秘境寻踪”草原岩画观光游、“亲近自然”户外野营活动、观万亩生态林、赏田园花海、品农家菜及塔令宫秋季瓜果采摘节等体验活动。游牧文化旅游节不仅为区内外展示了达茂旗的旅游文化资源，更重要的是拓宽了有机绿色农畜产品的销售渠道，通过文化旅游节这样一个集中展示的方式，将达茂旗的有机绿色农畜产品广而告之，使“达茂品牌”深入人心，家喻户晓。

（三）媒介互动，整合传播

在开设直营店和打造游牧文化旅游节的背景下，旗政府及农牧业局将达茂知名农畜产品品牌作为全旗对内对外宣传的重要内容。旗财政局特别安排专项资金用于农畜产品的品牌宣传，通过制作广告、新闻发布、重点报道、网上展示等多种媒介形式，形成立体互动，大力宣传推广达茂旗品牌农畜产品和品牌企业。同时，建设“达茂特色农畜产品展示中心”，举办达茂特色农畜产品展示会，集中展示特色农畜产品，提高达茂特色农畜产品的知名度和影响力。旗内各新闻媒体帮助企业做好品牌和形象宣传，并采取专栏、专题节目或公益广告的形式，大力宣传实施农畜产品品牌建设的意义，报道成功企业的经验和做法，提高企业和社会各界的品牌意识，为达茂农畜产品品牌的整合传播和健康发展创造良好氛围。

【案例评析】

本案例中，内蒙古自治区达茂旗政府结合当代社会对有机绿色食品的消费趋向，运用品牌营销理论对当地农畜产品进行了品牌战略规划，并通过一系列的推广活动，培育和打造出有机绿色农畜产品龙头企业，逐步建成了有机绿色农畜产品品牌培育、发展和保护体系，形成有序的品牌成长壮大良性机制。经过绿色品牌营销战略的实施，当地有机绿色农畜产品知名品牌数量明显增加，品牌农畜产品产值和市场占有率大幅提高，对达茂旗现代农牧业发展起到积极的推动作用。

【案例讨论】

1. 结合本案例分析当前消费者对有机绿色产品的认知状况。

2. 什么是品牌定位？运用营销理论阐述品牌战略规划的基本流程。

3. 什么是6P营销？达茂旗政府是如何运用政治权力和公共关系进行有机绿色产品品牌推广的？

【参考文献】

1. 课题组：《达茂旗有机绿色农畜产品营销规划方案》，内蒙古财经大学商务学院，2014年。

2. 《达尔罕茂明安联合旗现代畜牧业“十二五”发展规划》，内蒙古自治区草原勘察规划院，2011年1月。

3. 《达茂旗行政区划》，达尔罕茂明安联合旗人民政府官网，2023年1月12日，http：//www. dmlhq. gov. cn/xzqh/5113198. jhtiml。

4. 吴健安、聂元昆：《市场营销学（第六版）》，高等教育出版社2017年版。

第四章　市场营销环境分析

市场营销环境是指与企业有潜在关系的，所有外部力量与相关因素共同构成的有机体系，它是影响企业生存和发展的各种外部条件。对环境的研究是制定市场营销战略的基础，市场营销活动的开展必须以环境为依据。市场营销环境主要包括两类要素：一是宏观环境要素（人口环境、经济环境、自然环境、科学技术环境、政治法律环境）；二是微观环境要素（企业内部环境、供应商、营销中介、顾客、竞争者、社会公众）。微观环境直接影响和制约企业的市场营销活动，而宏观环境主要以微观环境为媒介间接影响和制约企业的市场营销活动。

第一节　丰田汽车：智能化时代的战略选择

【相关理论】

“适者生存”既是自然界演化的法则，也是企业营销活动的法则。任何企业的市场营销活动都必须在一定的自然环境和社会环境中进行，也只有适应一定的环境，营销活动才能成功。企业的市场营销环境是不断变化的，这种变化一方面会给企业带来新的市场机会；另一方面也会给企业带来威胁。企业必须密切监视和预测其周围环境的市场营销环境的变化，具备分析、识别由环境变化而造成的主要机会和威胁的能力，善于随着环境的变化而不断做出适应环境变化的反应，才能增强自己的生存和发展能力。

【教学目标】

1. 通过本案例学习，理解市场营销环境对企业营销活动及其目标实现的重要意义。

2. 正确识别市场环境所带来的可能机会和威胁，从而调整企业的营销策略以适应环境变化。

【案例正文】

丰田汽车公司（Toyota Motor Corporation），简称丰田（Toyota）成立于 1937 年 8 月 28 日，是日本最大也是世界第二大的汽车制造企业，2015 年公司纯利润已经超过了 2. 3 万亿日元。2016 年位居《财富》世界 500 强第 8 位，2017 年 BrandZ 全球最具价值品牌

100 强榜单上丰田排名第 30 位。全面电动化与智能化是丰田结合公司自身长期发展和全球汽车发展趋势做出的战略选择。

一、实施电动化战略——聚焦新能源

公司成立之初即确立了“追求人与社会、环境的和谐”的发展理念，始终“追求领先于时代的创新技术，秉持与地球环境友好相处的意识”的全球发展愿景。随着环保出行的理念越来越深入人心，面临汽车电动化和智能化的裹挟，丰田在 2017 年底宣布了一系列电动化战略和时间表，高调向外界展示其新能源战略，公布了其面向 20 世纪 20 年代至 30 年代包括 HEV、PHEV、EV、FCEV（燃料电池汽车）在内电动化汽车研发与普及的挑战规划。

作为全球最早涉足汽车新能源研发应用的车企之一，丰田已经有 30 年的实力储备，特别是在混动技术、氢燃料电动车技术方面都走在了世界前列。丰田计划到 2025 年，全车系导入电动化专用车型或增加电动化车型选择，只配备传统发动机的车型将变为零；力争 2030 年实现电动化汽车销量达到 550 万辆以上，其中 EV 与 FCEV 达到 100 万辆以上。

（一）丰田普锐斯——电动化汽车先驱

丰田汽车崛起于自然资源紧缺的日本，造车理念遵循“安全安心”“环保”等价值，本国国民环保意识较高，且国家一直通过政策手段鼓励 EV、HEV、PHEV 等“节能车”生产。日本的国情和企业发展的忧患意识，使得丰田一直致力于积极解决温室效应、大气污染、资源能源的地球环境问题，在汽车能源的使用和替代能源方面投入了大量的技术、人力、时间。

早在 2014 年，丰田已发布了为实现社会可持续发展的“丰田环境挑战 2050”战略，提出 2050 年全球新车平均行驶过程中二氧化碳排放量削减 90% 的“挑战新车 CO_2 零排放”目标，电动化车型的普及推广是实现这一目标的中长期策略。

丰田在新能源领域起步较早，对新能源汽车有着独到而深刻的理解。20 世纪 90 年代就推出了 HEV 车型——普锐斯，凭借着持续的努力和坚持，丰田不但自己取得成功，更是让汽车行业真正意识到发展新能源的重要性。

20 多年前，当欧美汽车企业大力挖掘内燃机潜力，技术投入集中于涡轮增压和双离合变速器及柴油车技术推广等方面，丰田汽车就把重点转向了汽车电动化，并于 1997 年推出了量产油电混力动力车型普锐斯。在当时市场并不看好的情况下，丰田执着地推广着普锐斯，在渡过艰难的前 5 年后，普锐斯迎来了市场的爆发，2012 年推出的普锐斯 PHEV 大幅提高了 EV 模式的行驶距离，普锐斯 PHEV 第 2 代发布，10 多年间，普锐斯成为全球销量领先的电动化车型。

作为全球最大的汽车厂商之一，其在新能源汽车领域所积累的技术与经验，在普锐斯、卡罗拉、凯美瑞等全球热销车型上得到了极佳的市场验证，更是凭一己之力引领了从传统内燃机时代向混合动力过渡的新纪元。

（二）着力新能源汽车技术创新

自普锐斯诞生后，丰田在全球的电动化汽车销量累计超过 1 100 万辆。据统计，2017 年丰田电动化车型全球销量超过 152 万辆，在众车企中领跑。至此，丰田的电池、电机、电控等电动化汽车核心技术实现了完善的和全面的储备积累。丰田用数十载技术积累和市场反馈验证，成就了其技术的可靠性。丰田在新能源汽车的研发制造方面，绝非只有双擎等混动技术，其在 EV、FCEV 方面同样有着全球领先的技术。以 BEV 为例，丰田在技术和车型的研发上贯彻“成熟可靠”的理念，正大力研发优势显著的固态电池技术，该技术有望打破锂电池在能量密度、成本、重量、使用寿命等方面的瓶颈。采用固态电池，电动汽车能获得更长的续驶里程，困扰汽车驾驶者的“里程焦虑症”也将得以解决。因此，丰田的固态电池技术也被外界视为“颠覆者”。

2017 年 12 月，丰田和松下达成一项电池合作协议，共同探讨电动汽车新型方形电池的可行性，该项目也将进一步推动新一代固态电池技术的发展，这些电池最终将在丰田旗下的电动车型上大规模应用。目前，松下正在为丰田的 HEV 和 PHEV 车型提供电池。丰田的全新固态电池于 2020 年投入商业化应用。这意味着涵盖 PHEV、EV 的电动化战略于 2020 年已全面落地。

（三）与优秀企业展开深度合作，实现产业布局

为了实现电动汽车方面的快速发展，丰田的汽车电动化产业布局大玩“合纵连横”，不仅与松下合作，还与马自达、电装公司成立新合资公司，主要从事电动化技术和电动汽车所需元部件的研发，并将技术应用到丰田各级别、多领域的车型中。

固态电池技术的到来和各企业间的强强合作，从侧面回答了外界对丰田在电动汽车领域行动迟缓的质疑。这是丰田一贯的谨慎与低调，技术不成熟便不轻易规模生产。至少在丰田看来，不成熟的技术，无益于解决环境和资源问题，起到节约环保、能源替代的作用，零排放新能源的应用需要节能环保技术的合理过渡。

丰田在新能源汽车产业的布局从来不是靠一条腿前行，而是多头并进。不仅有混动技术所向披靡，而且还有终极环保的大绝招——燃料电池汽车 FCEV。

FCEV 最早落地是一款名为“MIRAI”的以氢为燃料电池的产品，于 2014 年登陆日本市场，随后还在欧美国家上市。将氢气作为汽车的新能源是丰田汽车公司的一大发明。MIRAI 的储氢罐可储存 5 千克氢气，你只要充气 3 分钟能够跑 800 千米，每千米的成本约为 0.5 元。这是一个什么概念呢？就是你充一次气，可以从北京跑到郑州，或者上海跑到福州，而且是 100% 的零排放，它不产生尾气废气，造成环境污染，它吸收的是氢气，吐出来的是无毒无害的水。另有统计显示，截至 2017 年 5 月 12 日，丰田的燃料电池相关专利申请达 15 867 件。为了更好地推动 FCEV 的发展，丰田无偿开放了其中

5 680 项燃料电池相关专利。

丰田发展 FCEV 的配套及阶段性战略步伐显示，2017 年 5 月，丰田与日产、本田等 11 家日本公司共同成立新公司，在日本大规模战略布局加氢站；2017 年 10 月，丰田启动 FCEV“MIRAI 未来”在中国的实证实验，并落成 TMEC 加氢站；2017 年 12 月，丰田北美公司与从事燃料电池发电事业的 FuelCell Energy 公司在美国加利福尼亚州长滩港建设“Tri - Gen”项目，力求建立通过生物质高效制造氢、电和水的模式。2018 年 3 月，丰田又发布“复合燃料混合动力技术”实验车 FFV，助力普及混合动力车型及减少二氧化碳的排放量。

二、科技引领汽车行业未来——智能成为产业发展的战略方向

（一）人工智能的全自动驾驶汽车

在汽车行业，被称为“CASE”的革命正在发生。“CASE”取自互联汽车（connected car）、自动驾驶（autonomous）、共享（sharing）、电动化（electricity）的英语首字母缩写。2018 年 1 月 4 日，丰田公司参加了在美国拉斯维加斯举行的全球最大家电展销会“国际消费电子展（CES）”，并在展会上推出了一辆全新的全自动驾驶的汽车，掌舵人丰田章男告诉大家，“这辆车不只是一辆全自动驾驶的汽车，而且是一辆万能车”。这辆“万能车”可用于交通、商品销售、物流等多种服务。丰田推出的这辆全自动驾驶的电动汽车长 4.8 米，取名叫“E - 调色板”（e - Palette），能连续 24 小时运行，可在限定区域内实现完全自动驾驶，可以成为移动型店铺、运送货物、通勤用共享汽车，此外还计划搭载面向拼车、酒店、店铺的设备。

丰田章男先生还在展会上说他们不准备做汽车公司了，而是要转型成为 Mobility Company，也就是移动出行公司。这一辆辆无人驾驶车，就是一间间等待出售或出租的店铺。如果有某个品牌想租店铺，必须得把里里外外装修成自己想要的样子，基于这辆车可以有很多定制化版本，如星巴克版、麦当劳版。这些品牌商，可以通过和丰田合作来拥有属于自己的移动店铺。

如果无法提出采用新技术的汽车使用方式，与客户的接触机会和数据将被谷歌和共享企业等夺走。因此，丰田将不仅供应 e - Palette 车辆，还提供保险、结算、软件更新、网络安全等平台。“将确保与客户接触的机会，作为综合租赁服务确保盈利”，丰田副社长友山茂树表示，“打造服务业务至关重要”。

（二）智能化成为产业发展的战略方向

丰田公司一直致力于新能源和智能化的研究。在 2017 年东京车展上，其推出的虚拟助手 Yui，富有人性化的特点备受关注，它可以判断驾驶者的情绪，更会和驾驶者聊天“嘘寒问暖”，一旦发觉驾驶者有可能分心，就会主动提出由它来驾驶，而且在自动

驾驶模式之下，汽车座椅可以向后倾，并会按摩驾驶者的背脊，让驾驶者放松，非常贴心。

2018 年 3 月，丰田汽车宣布，将与两家供应商爱信精机以及电装公司成立一家新的位于日本东京的合资公司，取名为丰田高级开发研究院，将投资近 30 亿美元用于研发自动驾驶汽车软件。丰田公司发言人加尔特（Jean - Yves Jault）表示，丰田公司计划在 2020 年前开始销售能在高速公路上自动驾驶的丰田车，再过几年该公司的无人驾驶汽车将具备在城市道路上行驶的能力。同时，丰田公司还与日本电信运营商 KDDI 以及日本出租车服务平台巨头 Japan taxi 等进行合作，开发出了利用人工智能（AI）预测出租车需求的调配系统。该系统在实际的出租车服务数据和乘客流量的基础上，结合天气、公共交通机构的运行信息以及周边地区的活动信息等数据，通过 AI 预测各个地区对出租车的需求。出租车司机利用 500 米为单位的网格状的平板电脑上的地图，每 30 分钟可以更新预测乘客和空车的数量。据丰田汽车表示，通过使用此前的数据进行预测准确度的测试显示，准确度约达 94%。自 2018 年 2 月开始测试后，使用该系统的司机的平均收入环比增长大约 20%。

【案例评析】

科学技术在现代生产中起着领头和主导作用。科技创新不仅改变了人们的生活方式和消费需求结构，也是企业发展的方向和动力，直接影响企业的经济活动和营销决策。在新能源与智能化方面丰田汽车公司走在了时代的前列，这种自主创新的能力，得益于其强大的技术存储和研发能力，也包含着企业对于人类未来的全新的思考。丰田汽车公司所提出的“全自动驾驶技术”，能够满足人们不同的需求，以后的汽车不只是交通工具，还可以变成多功能的流动平台。这种创新的理念，将为世界汽车制造业及其新兴产业提供一个崭新的发展思路。

【案例讨论】

1. 何为企业的外部环境？分析企业外部环境主要从哪些方面进行分析？
2. 你如何看待丰田公司面临新的外部环境所制定的营销战略？
3. 中国目前正处于产业结构调整的关键时期，你认为企业发展的关键动力是什么？

【参考文献】

1. 徐静波：《要建世界上第一座 AI 城市，丰田又在搞什么鬼?》，搜狐网，2020 年 1 月 7 日，http：//www. 163. com/dy/article/F2B5BONV0521RN24. html。

2. CES 2018：《丰田面向服务业推出自动驾驶汽车》，新浪网，2018 年 1 月 9 日，http：//tech. sina. com. cn/roll/2018 - 01 - 09/doc - ifyqinzt0909195. shtml。

3. 筑博汇：《重磅新闻：松下、丰田合并住宅事业，进军中国建材家居行业!》，搜狐焦点网，2019 年 5 月 31 日，https：//zixun. focus. cn/94cb162fe1ecd4e9. html。

4. 汽车预言家:《福田与丰田就2022冬奥会氢燃料汽车正式合作》，搜狐网，2019年4月22日，https://www.sohu.com/a/309553221_183181。

5.《丰田汽车人工智能系统能够与驾驶者语言交流》，新浪网，2017年11月5日，http://k.sina.com.cn/article_1134062635_43986c2b001001szl.html。

6.《丰田牵头成立新公司将投30亿美元研究无人驾驶技术》，新浪网，2018年3月3日，http://tech.sina.com.cn/it/2018-03-03/doc-ifwnpcnt4104684.shtml。

7.《丰田汽车开发能预测出租车需求的人工智能系统》，搜狐网，2018年3月15日，https://www.sohu.com/a/225632650_114731。

8. 证券日报:《丰田汽车加码新能源　全方位打造新生态圈》，新华网，2018年5月2日，http://www.xinhuanet.com/auto/2018-05/28/c_1122900952.htm。

9. 汽车资讯报:《丰田公司展出人工智能新型汽车　可识别人类心情》，汽车资讯2017年1月5日，https://new.qi-che.com/shishiredian/20170105326819.html。

10. 吴健安、聂元昆:《市场营销学（第六版）》，高等教育出版社2017年版。

第二节　“草原红太阳”顾客满意度测评

【相关理论】

激烈的国内外市场竞争要求企业以顾客需求为导向来组织产品开发、生产和销售等活动。谁能超越竞争对手，为顾客创造更多的价值，让更多的顾客对企业满意和忠诚，谁就能在激烈的角逐中获胜。顾客认知价值（cusstomer perceived value，CPV）即顾客让渡价值，是顾客总价值与顾客总成本之差。顾客总价值是顾客从某一特定产品或服务中获得的一系列利益，包括产品价值、服务价值、人员价值和形象价值。顾客总成本是指顾客为了购买产品或服务而付出的一系列成本，包括货币成本、时间成本、体力成本和精力成本。企业让渡给顾客的价值越多，顾客满意度就越大，顾客忠诚度也会随之提高。提高顾客满意度，为顾客创造价值，是绝大多数现代企业的经营导向，但企业需注意的是顾客满意度的提高不能以牺牲其他利益相关者为代价，在总资源有限的前提下，在保证其他利益相关者至少能接受的满意水平下，提供一个更高水平的顾客满意度。

【教学目标】

1. 通过本案例学习，领会顾客满意的内涵，了解顾客满意的评价方法。

2. 掌握顾客满意度评价指标的确定原则和标准，理解提高顾客满意对实现企业目标的重要意义。

【案例正文】

近年来我国调味品行业在市场经济的推动下迅猛发展，2013年行业总收入达到 2 349 亿元，具有发展速度快、产量大、品种多、销售面广、经济效益好等特点。根据中国调味品协会的数据，我国大致有 1 000 家规模以上的企业从事调味品生产，其中全国型企业产量占全部产量的 20%，地方性企业产量占全部产量的 50%，外资企业产量占全部产量的 8%，中小规模和作坊产量占全部产量的 12%。中小调味品企业成为新兴发展的调味品产业的主力军。2012 年调味品整体 CR5 = 9. 14%，剔除味精行业产值之后调味品 CR5 = 8. 2%，可见调味品行业集中度比较低。大多数企业经营的是区域品牌，拥有竞争优势的全国性品牌相对较少。这与不同地域差别导致的消费口味差异有关，但在未来的市场中，随着人们对一日三餐的要求越来越高，更加注重品质和味道上的享受以及健康饮食，消费者在挑选调味品时会更加品质、健康与品味，更愿意为增进美味而购买高档次调味品，未来行业的增长更多地来自高端和新品类的推出，调味品行业遇到了蓬勃发展的大好时机。

以顾客为中心，实现顾客满意是现代食品市场营销的起点和归宿。对顾客满意的关注能促进企业提升竞争优势和提高市场占有率。对生产经营来说，增强顾客购物的满意感和信任以致建立顾客忠诚度，获得顾客终身价值是企业持续健康发展的基石。通过对内蒙古红太阳食品有限公司的“草原红太阳”品牌食品进行消费者满意度测评，帮助其找出在食品创新发展中存在的问题，进一步助推企业打造消费者满意的品牌，增强顾客好感与信任，抓住机遇争做中国调味品行业领军企业。

一、内蒙古草原红太阳食品有限公司的发展历程

内蒙古草原红太阳食品有限公司成立于 2003 年，专心致力于调味品的研发、生产和销售。公司注册资金 1 900 万元，资产总额达 3 500 多万元，拥有员工 800 余人。2009 年产量达 5 000 吨，销售额达 7 000 万元。公司以“做中国调味品行业领军企业，打造具有世界竞争力的百年品牌”为奋斗目标，目前成为发展调味品行业的新兴领域——火锅制汤剂产业的龙头企业之一。

2007 年 7 月在同行业中首先通过了 QS 质量认证，拥有调味品、蔬菜制品、鸡精、味精四项 QS 生产许可证，同时荣获内蒙古自治区消费者协会颁发的“内蒙古自治区 2007 年消费者满意食品”、呼和浩特市工商局颁发的“免检企业”证书和北京中企标国际信用评估中心、内蒙古企业信用评级组委会认证的“AAA 级信用企业”荣誉；2008 年 11 月被评为“呼和浩特市知名商标”“优秀民营企业”，同时被内蒙古自治区消费者协会评为“消费维权理事单位”；2010 年又率先通过了 ISO 9001：2008 国际质量管理体系认证，“草原红太阳”被评为内蒙古的著名商标，并荣获“2011 内蒙古大学生最喜爱最受尊重的品牌企业”。

二、内蒙古草原红太阳食品有限公司营销现状

内蒙古草原红太阳食品有限公司始终坚持以“极致产品主义”为经营理念，致力

于调味品的积淀，到2017年已经发展成为拥有火锅蘸料、火锅底料、酱料/发酵料、烧菜料、香辛料、鲜味料六大系列产品，通过标准产品管理体系，资深研发团队制作，产品从研发到出品保证做到精益求精。目前已经拥有“小肥牛”“涮肥羊”“草原肥羊”“草原红太阳”“鲜野”等27个商标。现公司旗下有九田家餐饮事业部、辣喔诱餐饮事业部、敕勒歌餐饮事业部、上禾燕麦事业部、天津翠波酿造事业部等20余个事业部，其中餐饮事业部立足内蒙古、门店遍布全国。随着公司多元化发展战略的推进，逐步实现品牌、市场、团队、技术、管理与世界一流标准接轨。营销队伍不断壮大，在全国拥有30多个销售部，已建成超过700家代理商的庞大营销网络。在东北、京津冀、山西、山东等地陆续建成了生产型和销售型分公司，规模化、重型化、高科技化、全产业链企业集团初见端倪。同时拥有天猫红太阳旗舰店、京东红太阳旗舰店2家网上商城。

三、“草原红太阳”产品消费者满意度测评

（一）数据来源

本节数据来自在呼和浩特市对消费者进行的实地调查。调查采用问卷的方法，调查问卷分为两个部分：第一部分是消费者购买行为及态度测量。调查内容包括购买的主要品牌及原因，购买时间、购买地点、产品信息获取的渠道以及购买频率等消费者的购买行为现状；态度测量中应用李克特7级量表，对顾客进行满意度调查。第二部分是被访者的个人信息，考虑到顾客对信息的敏感性，放置问卷最后，主要有性别、年龄、教育程度、家庭月收入、职业等资料。调查时采用了简单随机抽样，在呼和浩特市城区范围内主要居民小区和各大超市的出口处随机拦截居民和顾客，邀请其当场填写，并当场回收，顾客完成问卷的时间平均为5～6分钟。调查问卷发放总数为240份，收回208份，回收率为86.7%；去除11份无效问卷，最终有197份有效问卷，有效率为94.7%。

（二）消费者基本特征描述

我们通过对被访者的筛选，访问的都是曾经购买过草原红太阳公司相关产品，并有印象能完成顾客满意度调研的消费者。在被调查者中，近3个月内购买过草原红太阳相关产品的消费者超过30%，说明其产品在消费者中的认可度还是比较高的。因调味品属于厨房用品，平时女性购买的情况比较多，所以调查的性别结构基本符合实际，女性比例为62.89%，男性比例为37.11%。年龄结构比较均衡，基本考虑了20岁以上各年龄段的消费者，21～30年龄段和31～40年龄段比例均为25.77%，41～50年龄段比例为31.96%，21～60年龄段消费者占样本总数的96.91%。从受教育程度来看，以大学（专科和本科）、高中或中专学历居多，分别占总样本的46.4%和32.98%，初中以下及研究生占到总样本的17.53%和3.09%。家庭月收入中2 001～4 000元所占比例为27.84%，4 001～6 000元所占比例为42.26%，6 001～8 000元所占比例为8.25%，

8 000 元以上所占比例为 13.40%，符合中等发达地区的收入水平。

（三）消费者满意度测评过程

通过“质量屋”（Quality House）模型进行顾客满意度分析。结合企业内外相关专家打分，建立调味品企业顾客满意度评价的模型。为了便于分析，将影响顾客总体满意度的因素称为顾客满意度的一级指标，将影响一级测评指标的因素称为二级指标，依次类推。利用顾客满意度测评指标的“质量屋”模型，分阶段地把顾客的总体满意度测评指标逐步分解到顾客易于判断的满意度测评指标。

顾客满意度测评指标体系中不同影响因素对顾客满意度的影响水平有差异，权重是体现影响程度的重要指标，各影响因素的权重多少会直接影响顾客满意度的测评结果。为了建立完善的红太阳产品顾客满意度测评指标体系，对红太阳产品顾客满意度测评构成重要影响因素分析是研究的关键问题。考虑到一级指标具有较强的综合性和复杂性，顾客对此类指标赋权会出现较强的模糊性和主观性，会影响评价准确度，而专家对一级指标的权重的赋值有一定的准确性，因此本章对一级指标采用专家群组赋权法，而二级指标主要通过专家群组和顾客共同意见的平均态度赋予权重。

通过问卷调查法结合专家访谈，得出了 6 个一级指标和 15 个二级指标，利用两阶段测评模型“质量屋”对红太阳产品顾客满意度进行评价。同时邀请公司营销经理、一线销售人员以及市场营销方面的专家共 20 人组成专家团，按照 0～10 分给出 6 个一级指标与顾客满意度之间的关系度以及 15 个二级指标与 6 个一级指标之间的关系度。根据每个二级指标与一级指标之间的最大关系度，将 15 个二级指标与 6 个一级指标相对应，围绕顾客满意度测评指标体系中的二级指标，在消费者问卷调查中对应用李克特量表态度进行测量（见表 4－1 和图 4－1）。

表 4－1　　顾客满意度测评指标体系

项目	一级指标	二级指标
顾客满意度	产品质量	产品质量的稳定性
		产品质量安全
		营养价值
		品牌形象
		售后服务
	味道	味道好
		口味选择多样性
	价格	价格稳定
		性价比
	包装	包装使用的便利性
		包装设计的独特性

续表

项目	一级指标	二级指标
顾客满意度	购买渠道	购买方便
	促销	卖场内促销活动
		电视广告宣传
		网络广告宣传

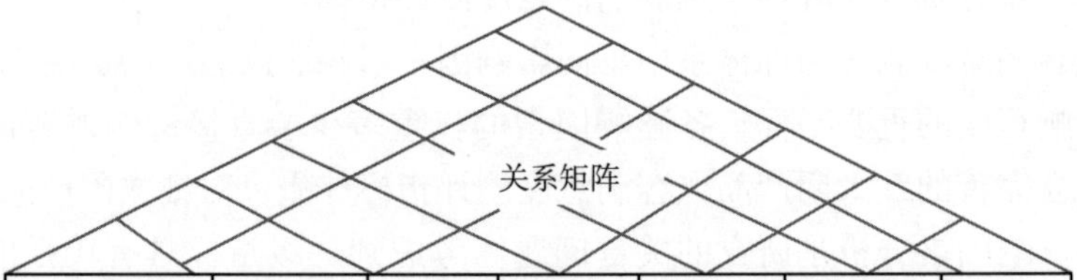

	指标重要度	产品质量	味道	价格	包装	购买渠道	促销
总满意度	1	9.6	8.8	5.7	6	5.5	5.7
一级指标重要度$W_j^{(1)}$		0.23	0.21	0.14	0.15	0.13	0.14
总满意度指数（CSI=7.41）		7.87	8.28	6.25	6.91	8.1	6.41

图 4－1　红太阳产品第二阶段测评模型“质量屋”

由专家团给出的6个一级指标与顾客满意度之间的关系度，确定一级指标对顾客总满意度的重要度。如表4－2所示6个一级指标重要度分别是0.23、0.21、0.14、0.15、0.13、0.14。就食品本身的特性来说，在一级指标中产品质量和味道是影响其满意度的最主要因素。由各二级指标与一级指标之间的关系度，结合各一级指标重要度，确定各二级指标的重要度。二级指标中维修区整洁产品质量安全、产品质量的稳定性、品牌形象、营养价值和售后服务是产品质量的主要因素；味道好、口味选择的多样性是影响味道的主要因素；价格的稳定性和性价比是影响价格的主要因素；包装使用的方便性和包装设计的独特性是影响产品包装的主要因素；购买地点的便利性是影响渠道的主要因素；卖场内的促销、电视广告宣传和网络广告宣传是影响促销的主要因素。结合各二级指标重要度和满意度评判矩阵，得出各一级指标的满意度分别是7.87分、8.28分、6.25分、6.91分、8.1分和6.41分（见表4－2）。由此得出红太阳产品顾客满意度为7.41。

表 4－2　　第二阶段“质量屋”测评模型

一级指标重要度		产品质量安全	产品质量稳定性	营养价值	品牌形象	售后服务	味道好	口味选择多样	价格的稳定性	价格的合理性	包装的便利性	包装设计独特性	购买地点的方便性	卖场内促销	电视广告宣传	网络广告宣传
产品质量	0.23	8	8	7	8	7										
味道	0.21						8	8								

续表

一级指标重要度		产品质量安全	产品质量稳定性	营养价值	品牌形象	售后服务	味道好	口味选择多样	价格的稳定性	价格的合理性	包装的便利性	包装设计独特性	购买地点的方便性	卖场内促销	电视广告宣传	网络广告宣传
价格	0.14								8	8						
包装	0.15										8	7				
购买渠道	0.13												8			
促销	0.14													7	6	6
二级指标重要度		0.22	0.2	0.19	0.28	0.11	0.48	0.52	0.64	0.36	0.58	0.42	1	0.4	0.3	0.3
产品质量满意度	7.87	9.5	8.1	7.2	8	5										
味道满意度	8.28						8.9	7.7								
价格满意度	6.25								5.6	7.4						
包装满意度	6.91										7.5	6.1				
购买渠道满意度	8.10												8.1			
促销满意度	6.41													7.1	6.7	5.2

四、测评结果评述

（一）味道符合大众喜好

从测评结果来看，在各项一级指标中消费者最满意的是味道，这说明消费者购买草原红太阳产品主要基于对产品口味的认可。产品本身是食品消费的核心，因为它对于消费者体验、向他人推荐该产品具有重要的影响。生产满足消费者需要的产品，是营销成功的前提。草原红太阳公司始终重视产品研发，关注消费者口味的偏好，生产出“小肥牛”“涮肥羊”“草原肥羊”“精制汤料”四大品牌，“清、香、辣、孜然”四大口味火锅制汤剂，以及“美味”“香辣”“海鲜”“孜然”四大口味火锅蘸料，深受消费者的喜爱。

（二）产品终端铺货力强，购买方便

消费者对“购买渠道”的满意度较高。营销渠道终端是直接与顾客交流的关键点，产品的销售过程最终在营销渠道终端上完成。公司非常注重与零售户的合作，并采取了对零售户有吸引力的返点和补贴手段，极大地调动了终端销售的积极性。产品终端铺货较好，在社区小超市、夫妻杂货店、牛羊肉专卖店等大小卖场都能看到草原红太阳的产品，而且货品的摆放位置佳，比较显眼，在选购商品的时候会首先出现在消费者的视线范围内，对于消费者来说，随处可见的产品不仅能方便购买，也有利于扩大企业品牌的知名度，促进产品的销售。

（三）价格不稳定，与品质不符

消费者对价格的满意度实际得分偏低，原因在于就消费者而言，调味品并非快速消费品，它只是作为调料在烹饪时加入少许，比如火锅汤料、蘸料等只有在消费者选择吃火锅的时候才去消费，其消费周期比一般食品长。所以在购买过程中消费者是希望其“经济实惠”或“物有所值”，而在调查中发现草原红太阳的产品基本没有促销活动，产品本身也不具备高品质的特征，所以相比其他品牌产品会有价格偏高的感觉。

（四）包装设计缺乏特色，辨识度不高

包装方面，从二级指标中可以看出“包装设计独特性”这一指标得分偏低，只有6.1分，从而影响了包装因素的得分。可见消费者对草原红太阳产品在包装设计精巧方面的认可程度偏低，认为其包装缺少特点，在购买过程中不易识别，很容易与其他品牌混淆。就企业而言，在提高产品品质的同时，也应依据产品组合，设计制作能够与品牌地位、形象相适应的产品包装，以良好的形象在激烈的市场竞争中争夺顾客，也成为营销的重要手段。

（五）营销传播推广力度不足

促销方面的二级指标中得分低的是电视广告宣传和网络广告宣传这两项。广告作为品牌最主要的传播方式，可以引发消费者的注意与兴趣，促进购买，同时也能够扩大品牌知名度，传递品牌信息，增进品牌识别。传统行业更应该充分利用好互联网平台进行品牌推广和渠道创新，为企业发展开拓更大的市场空间。

由于营销传播媒介的局限性，红太阳品牌目前的营销传播活动仅仅停留在对产品形式和比较优势的宣传上，营销传播也局限于终端促销和产品展示，而回避能够有效扩大企业形象传播的大众传播媒体。与消费者之间缺乏必要的沟通，消费者对于红太阳品牌的了解受到局限，最终造成红太阳品牌在火锅底料和蘸料方面具有较高知名度，但消费者对其他产品知之甚少的尴尬局面。

【案例评析】

顾客满意是企业赢得顾客、占有和扩大市场、提高效益的关键。通过对草原红太阳产品进行的顾客满意度测评，能够发现企业的产品在市场上被消费者的接受和认可情况，面对不足有针对性地做出改进和调整，用现代市场营销管理观念形成系统的“顾客满意”良性机制，努力使自己成为真正面向市场的企业。

【案例讨论】

1. 顾客满意的内涵是什么？
2. 从市场营销策略的角度分析该公司消费者满意度的测评结果。

3. 依据本次测评结果，你认为该公司的营销策略应作出哪些调整和改进？

【参考文献】

1. 课题组：《内蒙古红太阳食品有限公司营销管理案例研究》，内蒙古财经大学中小企业发展研究基地，2016 年。

2. 吴健安、聂元昆：《市场营销学（第六版）》，高等教育出版社 2017 年版。

第五章　市场购买行为分析

市场购买行为分析是市场研究的重要内容，成功的市场营销者是那些能够有效地开发对购买者有价值的产品，并运用富有吸引力和说服力的方法将产品有效地呈现给顾客的企业和个人。因此，研究影响购买者购买行为的主要因素及其购买决策过程，对于开展有效的市场营销活动至关重要。

第一节　拼多多：微信“圈客”的得与失

【相关理论】

消费者市场是消费品生产经营企业市场营销活动的出发点和归宿。企业要实现其营销目标就必须深入研究消费者市场和消费者行为的规律性：消费者市场广泛且多变；影响消费者购买行为的因素诸多，既有个体因素也有环境因素；消费者的购买模式各异，购买决策过程由多环节共同完成，各环节都会影响消费者的最终购买决策。

【教学目标】

1. 通过本案例学习，了解消费者市场的含义和特点。
2. 掌握影响消费者购买行为的因素。
3. 认识电商企业的渠道模式。

【案例正文】

随着市场环境的不断变化，消费状况也快速发生着变化，在如今被广泛讨论的“新零售”中，仅仅只着眼于对零售企业自身的机制完善已经不够了，借用互联网的“流量”概念——谁能尽早蓄起属于自己的顾客流量池，并且加以充分利用，谁才有可能是真正的市场赢家。因此，当前的零售企业除了懂得理顺“人、货、场”外，还应懂得搭建零售业第4大要素——“圈”，让“人、货、场、圈”四个元素共同努力，发挥其各自的作用并形成合力，成为新一代经营的关键。

一、我国的电商大军及其消费状况

20 世纪 90 年代我国的电子商务开始得到极大发展，快速推动了我国向国际化发展的新进程。1998 年我国第一笔互联网网上业务实现成功交易，为以后开展电商活动打下了良好的基础。在外部环境的逐渐完善下，我国的电商行业进一步成熟。我国的第一个“双十一”网购狂欢节活动在 2009 年 11 月 11 日举行，参与活动的商家数量有限，但营业额却远远超出预期效果。因此阿里巴巴把每年的 11 月 11 日确定为举办大型电商促销活动的节日。伴随着营业额逐年飙升，每年的“双十一”活动已成为我国网络购物者的年度盛事。2014 年“双十一”期间，阿里巴巴全天交易额达到 571 亿元。2015 年“双十一”期间，阿里巴巴全天交易额达到 912.17 亿元。2016 年“双十一”期间，阿里巴巴全天交易额高达 1 207 亿元。2016 年的“双十一”活动涉及 217 个国家，国家之多、交易量之大更是创下历年新高。截至 2017 年初，根据我国互联网络资讯中心 21 日公布的第 39 次《中国互联网络发展状况统计报告》称，中国网络用户数量达到 7.31 亿，其中手机网络用户数量达到 6.95 亿，较 2016 年初增加 7 550 万。全国网络用户中用手机上网的用户占比由 2016 年初的 90.2% 提高至 95.2%，提升 5 个百分点，网民手机上网比例进一步攀升，中国未来的电子商务市场依然潜力巨大。中国手机用户使用占到前五位的 app 分别为：QQ、微信、支付宝、淘宝以及手机百度。图 5－1 是 2007～2016 年中国手机网民规模及其占网民比例情况：

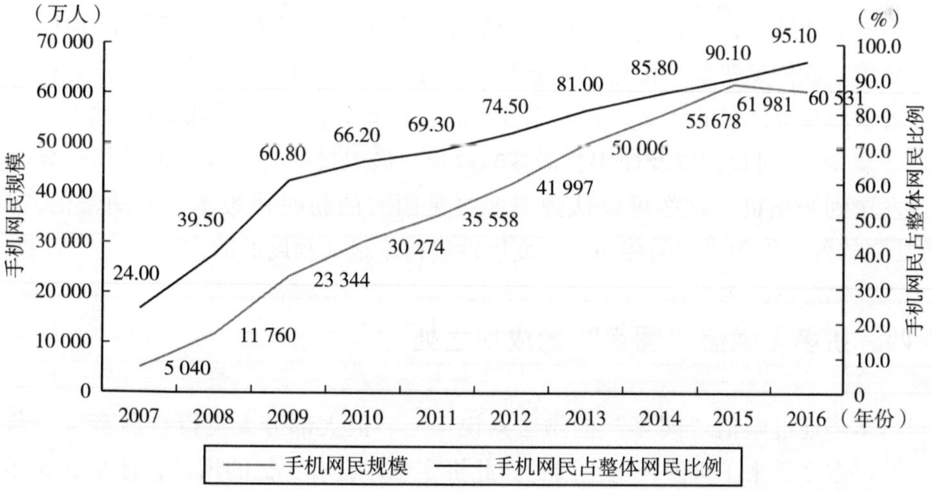

图 5－1　2007～2016 年中国手机网民规模及其占网民比例

截至 2017 年初，我国网购人数达到 4.67 亿，占全体网络用户的 63.8%，相比 2016 年初增长 12.8%。网络购物群体中，手机网购人数达到 4.41 亿，占全体手机网络用户的 63.4%。网络购物和网络活动已经成为大众生活密不可分的一部分，电商理念也越来越被人们认可。

二、拼多多的发展历史

拼多多创立于2015年4月，是上海本土的互联网企业。拼多多以农产品零售起家，深耕于农业，开创了以“拼”为特色的农产品零售的新模式，逐步发展成为以农副产品为鲜明特色的全品类综合性电商平台，是全球唯一具备规模的纯移动电商平台。作为新电商开创者，拼多多将“多实惠”和“多乐趣”融合起来为用户创造价值。拼多多于2018年7月在美国纳斯达克上市。截至2021年6月，平台年度活跃用户数达到8.499亿，商家数达到860万，平均每日在途包裹数逾亿单，是中国大陆地区用户数最多的电商平台，更是全世界最大的农副产品线上零售平台。

三、拼多多的营销思维

拼多多的营销思维是一种群发裂变的思路，它的关键法宝就是借助微信圈住消费群体，形成了巨大的顾客池。因为一个用户在拼多多看到一件中意的商品，选定、支付货款前，便弹出邀请好友、参与拼单界面，顾客可以一键快速分享到微信、微博、QQ以及QQ空间等，等待自己的好友参与拼团，实现订单生效。任何用户都可以成为“拼主”，也可以参与别人发起的团进行购买，而以微信、QQ等社交渠道呼朋唤友式的购买，基础就在于人与人之间本来就认识，以一传十、十传百的“病毒式”传播方式，产生强大的裂变效果，让大量的用户参与其中。另外，它还有分享订单即可享受减免、助力享免单、砍价免费拿、转盘领现金等诸多的玩法。为了进一步吸引用户，拼多多还发布点击领取现金红包的活动，并声称可以提现。事实上，在比较隐蔽的地方显示有红包使用“规则”，对提现以及使用有诸多的规定，最关键的是，极力鼓励用户分享朋友圈以及发送到微信群。顾客可以认为拼多多是团购的新时代版本，借助微信、微博、QQ等社交软件，将购买力的传播、裂变属性进行了最大程度的放大。

四、拼多多微信“圈客”的成功之处

对拼多多通过微信“圈客”的做法众说不一，但大部分人觉得拼多多这一营销方式好，给拼多多带来了价值，也正因为如此拼多多才会有3亿的用户，才会在3年内突破1 000亿元的网站成交金额（gross merchandise volume，GMV），并以超乎常人想象的速度实现上市。

拼多多了解自己生长的土壤，熟悉中国最广泛顾客群体的消费特点，这些顾客有对每一次购物精打细算的动机，他们不纠结购物时间和人力资源成本，在这些顾客身上，时间成本对他们来说并不是最看重的，因为这些顾客有足够的时间去货比三家，有足够的时间去寻求更低的价格，这些顾客愿意通过分享的方式降低购买成本，因为这些顾客分享出去的亲朋好友同样是拼多多的目标顾客群体，是喜欢这些优惠商品的受众。拼多多瞄准了中国巨大的低端产品市场，做到中低端销量第一、品牌第一，取得了巨大成功。

总结拼多多微信“圈客”成功的原因主要有如下几点：

（一）锁定中低端目标客户

拼多多3亿用户是中等收入以下人群，也就是中国8亿低收入人群的一部分，所以市场足够大。这类顾客要求较低，只要产品质量没有大问题，产品能达到基本要求，就会继续加入购买大军，这类顾客第一认便宜，第二看价格，第三重优惠。

（二）打造物美价廉的品牌

拼多多的顾客群买不起香奈儿、爱马仕、蔻驰、LV，但他们也有对品牌的向往，开始对品牌表现出兴趣，也想购买品牌产品，希望从正规渠道购买产品，而拼多多提供了物美价廉有品牌的产品，刚好符合其目标群体的需求。

（三）各种成本压缩到极致

拼多多的产品价格都很便宜，但是价格便宜并不代表不盈利，拼多多盈利靠的是购买量和销售规模。其在生产环节凭借代加工，以量换价；流通环节依靠物流大客户协议，以量换价；销售环节通过网络移动端，成本极低，把“长尾理论”用得炉火纯青。

（四）互联网社群营销思维

古语有云：得民心者得天下。在移动互联网时代，应将其改写为：得粉丝者得天下。粉丝，已经成为当今社会经济发展中不可或缺的一部分，粉丝不是一般爱好者，而是对品牌有些狂热的痴迷者。在现代企业经营中，粉丝不仅是优质的目标消费者，也是最忠诚的消费者，对企业来说，谁掌握了粉丝，谁就找到了致富的消费者金矿。随着智能手机和移动支付的普及，顾客的消费欲望随时随地就能够得到满足，企业的产品也伴随着粉丝的随时购买成为巨大的销售额。拼多多正是顺应顾客需求趋势，因势利导，它的成功与粉丝经济密切相关。因此有人说拼多多就是披着团购的外衣对它的粉丝搞批发，它非常成功地增加了粉丝的黏性，也成就了巨额的销售规模。

五、拼多多微信“圈客”的弊端

拼多多微信“圈客”的成功引起众多关注，但微信“圈客”也是把“双刃剑”，正如拼多多创始人、CEO黄峥接受媒体采访时称自己不是腾讯系，坦言想脱离微信，可见拼多多的微信“圈客”有得有失，总结拼多多微信“圈客”的弊端有如下几点：

（一）引来了大小竞争对手的挤压

源于拼多多的效应，对于京东和阿里而言，显然不希望出现“鹬蚌相争，渔翁得利”的情况。2018年1月，京东和美丽联合共同成立了子公司“微选”，在微信级入口“购物”里建立微信内的电商新平台，而拼多多并没有类似合作。事实上，京东早在2016年已出手，上线了低价拼团平台——京东拼购，只不过于2018年3月才开始面向零售全类目招商。从商品价格上来看，除了9.9元专区以外，大部分商品价格均处于中低档位，在品类方面与拼多多有相似之处，并且依靠微信的导流，直接对拼多多造成冲击。

众所周知，拼多多基于社群，依靠“爆款+低价+免佣金”，再背靠三、四线市场，从而实现高速发展。相关数据显示，拼多多的用户70%为女性，65%来自三、四线城市。不管是京东拼购，还是2018年3月淘宝推出的淘宝特价版，用户群体均高度重合。据阿里内部人员透露，阿里其实早就意识到拼多多的威胁，早在2017年就率先推出了淘宝特价安卓版，随后才上线苹果iOS版，因为在淘宝看来，淘宝特价版的用户更多来自安卓版。以服饰以及化妆品为主的电商巨头唯品会也早就开始行动，唯品会相关工作人员表示，唯品公司有个特价版的单独app早已经上线，“只不过当初只在内部员工推广使用比较多，并没有大量的对外推广”。除了巨头围堵外，在武汉及深圳设立双总部的新兴独角兽企业卷皮网、折800网站等同样是采用了拼多多的模式。

（二）用户增速颓势难掩

拼多多借助微信朋友圈将顾客裂变属性进行了最大程度的放大，并大获成功。但当顾客达到一定规模，竞争者竞相出现后，情况也在发生变化。外部因素驱动拼多多悄然进行导流时，用户增速乏力也迫使拼多多想方设法提高现有用户的黏性。拼多多提交的招股说明书显示，截至2017年9月30日、2017年12月31日和2018年3月31日，拼多多月活跃用户环比增速分别为116.8%、98.3%和17.9%，上述时间段内年活跃用户环比增长分别为58.2%、55.2%和20.5%。正如太和智库研究员唐兴通所说，活跃用户环比增速放缓已暗示拼多多可开发的用户在减少，经过一个增长阶段，拼多多难以依靠微信流量池始终保持用户呈几何级增长，这是目前拼多多在“微信圈客”这一模式中遇到的最大难题。

（三）产品质量难以保证

从目前拼多多的营销活动看，仍然十分依赖微信的熟人社交功能，大多数消费者对微信平台的社交功能和拼多多的模式已了然于心，但对拼多多的一些商品质量却颇有微词：对于任何卖家而言，都有这么一个道理：产品质量好，名气大，则需要付出极大的成本，对价格不敏感的顾客愿意接受他们的成本，问题是拼多多面对的不是这样的顾客群，他的顾客群对价格极为敏感，拼多多也因此极力压缩成本，问题出现了，质量从哪里来？值得注意的是，在低价商品的模式上所有商家都会遇到的致命的问题——如何保障产品质量？拼多多的CEO黄峥自己也承认，“供应链升级将是我们很长时间内的战略重点。拼多多的最终模式是使得上游能做批量定制化生产，但我们现在对上游的投入和整个产业链的赋能都太弱了”。所以伴随大量的销售额同时出现的质量问题是拼多多微信圈客的又一“失”，这个问题影响了顾客对拼多多的忠诚度，降低了拼多多的市场信誉，拉低了拼多多的品牌形象。

总之，对于中国的互联网企业而言，一定要始终牢记我国的基本国情，记住中国还是一个人均中位数年收入只有2.2万元，90%的三口之家年收入低于20万元，20%的三口之家年收入低于1.8万元的发展中大国。中国最广大的消费群体有着自己的生存需求、娱乐需求、自我满足的需求、获取信息的需求、展示价值的需求，也有着自己消费升级的需求。一个互联网企业，只要是真正在为数千万、上亿的广大顾客解决需求，那就一定有其巨大的生存发展空间。但如果只是一味地追求巨大的发展空间，其弊端也必然日益显现。针对这些，电商企业应该不断完善自我，寻求突破，本着诚实守信的原则进行网络交易，提高信誉度，增加顾客的黏性，才可能在消费大潮中有所作为。

【案例评析】

拼多多用微信“圈客”，在电商行业引起了很大反响，这一模式让拼多多迅速成长，也取得了令诸多企业羡慕的业绩，其成功是因为拼多多看到市场环境变化带来的巨大商机，能顺应顾客需求的发展趋势，因势利导及早抓住粉丝顾客；但拼多多的这一模式也受到挑战，一方面，引来了大小竞争者的挤压，模仿者纷至沓来；另一方面，顾客扩张的规模增长乏力。因此，拼多多用微信拼客有得有失，要持续发展需要不断创新营销方式方法。

【案例讨论】

1. 对拼多多而言，其渠道模式创新的优点有哪些？
2. 拼多多该如何摆脱其目前遇到的困境？
3. 拼多多应从哪些方面入手，提高其顾客的黏性？
4. 请你为拼多多规划其成长战略。

【参考文献】

1. 徐文慧：《拼多多营销策略分析》，载于《现代商贸工业》2018年第33期。
2. 张玉岩：《拼多多得与失》，载于《中国品牌》2018年第9期。
3. 吴勇毅：《拼多多何以能在寡头垄断的红海中突围?》，载于《销售与市场（管理版）》2019年第2期。
4. 拼多多官网，http：//www. pinduoduo. com。
5. 吴健安、聂元昆：《市场营销学（第六版）》，高等教育出版社2017年版。

第二节 内蒙古朗琨食品：面向 80 后、90 后的消费者定位

【相关理论】

产品对购买者会产生不同的价值，购买者在购买产品时也会对其寄予不同的期望和要求，企业在进行产品推广时，如能根据市场情况和消费者群体恰当地进行消费者细分，并合理选择目标市场，完成具有特色的市场定位，通过展现企业产品自身的优势，匹配消费者的需求特征，会使企业的营销更有成效。

【教学目标】

1. 通过本案例学习，了解不同家庭生命周期阶段消费者需求的特点。
2. 认识 80 后、90 后消费者的购买决策过程。
3. 掌握企业市场细分和产品定位理论。

【案例正文】

内蒙古自治区呼和浩特市朗琨商贸有限公司成立于 2009 年 7 月，主营奶制品、牧区纯奶食品、风干牛肉、苁蓉制品、野生草原白蘑、黑木耳等产品。其中肉类品牌 7 个，包括食乐康、赢旭、蹦蹦牛、草原笨牛、泽里牧、塞上情、搏克牛仔。奶制品品牌 5 个，包括雪原、伊佰、朗琨、战备粮、成格乐。朗琨公司的产品已入驻京东、天猫、1 号店、我买网和苏宁易购 5 个在线平台。80 后、90 后是朗琨的主要消费群体，18 ~ 29 岁的购买者在其消费群体中所占比重超过 50%。

一、电商时代休闲食品的消费背景

随着电子商务行业的兴起，线上销售已经成为各大企业发展过程中一条必选之路。食品行业特别是休闲零食类更是如此。近年来，休闲零食逐渐成为线上零食的主力之一，2017 年休闲食品行业分析报告显示：从 2013 年开始线上销售额便不断激增，我国休闲食品市场规模已达千亿元以上，年增幅在 25% 左右，其中 15 ~ 34 岁的年轻消费者消费比重最大，尤其是这一年龄阶段的女性消费者成为当前休闲食品的主流消费者，这些年轻消费者基本是社会最忙碌的群体，在购买食品方式上以网购为主，而且不会花太多时间精挑细选，且更青睐包装精致、形象活泼的产品。而 80 后、90 后作为休闲零食最大的消费群体，其规模也在不断扩大。因此，如何争取到 80 后、90 后这一消费群体，便成为各大休闲食品商们能否扩大自己市场范围的关键。

二、消费群体细分

市场细分就是企业根据自身条件和经营目标，以需求的某些变量或者特征为依据，区分具有不同需求的客户群体的过程。经过市场细分，在同类产品市场上同一细分市场的顾客具有较多的相似性，不同细分市场的顾客具有较大的差异性。

（一）按消费者年龄细分

1. 小于15岁和大于45岁的消费群体

这个年龄区间的消费群体对于朗琨产品消费需求量较低，但他们对市场的影响不可忽视，他们的意见会影响身边其他年龄段的消费群体的购买行为。朗琨将这一群体作为公众，注重在他们心中树立良好的形象。

2. 15~25岁的群体

这个年龄段的消费群体对于朗琨产品的购买需求比较大，而且会很容易产生冲动性消费，他们追求时尚包装的产品和品牌，外观包装有个性的产品会吸引这一年龄段的消费群体，朗琨的奶制品作为休闲零食能够满足这一年龄段消费群体的需求。

3. 26~45岁的群体

他们具有一定的经济实力和购买能力，对新品牌的反应灵敏。他们对奶制品的质量以及品牌比较看重，这部分目标群体对企业的盈利贡献大，消费者可以轻松地承担购买产品的费用，具有很强的品牌意识，有档次划分的内在心理需求。"朗琨"多品牌、多档次的产品需要这一年龄阶段的消费群体加入购买大军。

（二）按消费心理细分

1. 感情因素

消费者在购买内蒙古特色食品时，选择什么种类的内蒙古特色食品往往受到消费者心理的影响，容易产生冲动的消费行为。例如对于奶制品来说，个性的包装、新颖的logo都可以帮助消费者完成购买。

2. 理智因素

理智因素是建立在消费者的理性认识基础上所产生的消费行为，它具有客观性、周密性和可控性的特点。在理智动机驱使下的消费，消费者往往会比较注重所选的产品的质量、讲求货真价实，对价格和质量更加关心。消费者会衡量不同品牌、不同包装的产品价值，根据自己实际的承受能力去完成购买。

3. 求实心理

这种心理比较注重产品的实际价值，具有这类心理的消费者在购买时，讲究的是产品的内在质量、不同包装的重量、保质期、产地等因素都会影响消费者购买，而不会特别注重外观、包装和品牌。

4. 求新心理

这种心理以追求时尚和新潮为主要购买目的，这类消费者希望产品的外观包装新颖、格调独特，能够体现品质生活，而对品牌的实用价值和价格高低不甚计较。

（三）按偏好程度划分

1. 绝对品牌忠诚者

这部分消费群体购买过“朗琨”产品，对产品满意，认为产品质量有保障，会再次主动选购，在选购的过程中不考虑其他品牌的同类产品。

2. 品牌转换者

作为品牌转换型的消费者，此类消费者会从不同的网络购物平台上选择自己喜欢的产品，在购买过程中消费者可能会购买自己买过的品牌，因为在尝试过后对产品的了解更加深入，内心会有安全感，但这并不代表他们不会选择其他品牌。面对此类型的消费者，“朗琨”需要更多样的产品、更多的子品牌，在更多的网络购物平台上进行销售。

3. 非忠诚者

这类消费者并无一定的品牌偏好，购买过程中常带有很大的随意性。对于他们来说，产品的任何一个突出特点都可能会激发他们对产品的购买欲望。

（四）按地理因素划分

按地理区域不同，食品市场惯常被划分为东北地区、华北地区、华中地区、华东地区、华南地区、西北地区和西南地区7个市场区域。

由于各个区的地理差异，消费者在饮食习惯、环境、消费结构等方面都有所差异，导致我国各个地区的消费群体对于品牌的选购有很大的不同。朗琨的产品通过网络购物平台进行销售，所以当不同区域的消费者购买其产品时，也同时有了解草原文化的渴望，基于这样的需要，在本地市场之外的其他市场上，朗琨特别注重开展产品销售与草原文化传播并行的营销活动。

三、目标市场选择

目标市场是企业打算进入的细分市场，或打算满足的、具有某种需求的顾客群体。对市场进行细分之后，企业面对许多不同的子市场，就要进行恰当的评价，结合企业自身的资源和目标选择合适的目标市场战略。

朗琨将目标市场定位为年龄段在15～45岁不同心理类型、不同区域市场的消费者。这样的整体目标定位有利于保证销售的规模，但朗琨在消费者沟通方面更加偏重20～40岁，有经济能力，具有感性、求新以及求美心理，具有多种品牌忠诚度偏好，追求时尚的80后、90后消费者进行互动，将他们作为主要目标群体。这部分顾客群体有较强的经济实力、较高的社会地位，注重产品健康、安全和品质，价格承受能力强，懂得享受生活，喜欢与人交流，喜欢新产品，能接受新鲜事物，与朗琨电子商务公司的产品理念一致，容易沟通，在交流中能达成共识，便于建设成为朗琨的长期顾客。

四、产品市场定位

市场定位也被称为产品定位或竞争性定位，是根据竞争者现有产品在细分市场上所处的地位和顾客对产品某些属性的重视程度，塑造出本企业产品与众不同的鲜明个性或形象并传递给目标顾客，使该产品在细分市场上占有强有力的竞争位置。定位并不是对产品本身做什么事，而是针对潜在顾客的心理采取的行动，即把产品在潜在顾客的心中确定一个适当的位置。

朗琨品牌主要依靠互联网销售平台，以 20～40 岁有经济能力，具有感性、求新以及求美心理，具有多种品牌忠诚度偏好，追求时尚的 80 后、90 后为主要销售对象，将产品定位于“互联网草原特色休闲零食”，改变草原食品长期以来的刻板形象，突出美味、休闲、易于携带，线上购买便利等特征，将草原特色产品与美味、时尚、快捷联系起来，实现了完美的跨界，在增长迅猛的休闲零食市场上独树一帜。

五、品牌形象构建

随着时代的不断发展，企业的营销手段不断成熟，营销重点也在不断转移，品牌已悄然成为营销阵营中不可或缺的一分子；同时，品牌形象的塑造也成为品牌建设中的重要组成部分，品牌形象的作用和魅力也日益突出。如何在消费者心目中树立一个清晰、健康、良好的品牌形象成为品牌管理者最为重视的一个问题。朗琨的品牌形象构建总结为如下几点。

（一）品牌形象构筑

朗琨品牌用“探寻内蒙古传统美食”作为品牌形象传播的一个开端，也是宣传活动的主题。内蒙古草原文化源远流长，许多向往大草原的人们心驰神往，在从未领略过草原风情的人眼中，草原人民还是原始的游牧民族的生活方式，充满了浓郁的地域特色和民族风情。朗琨品牌就以源远流长的草原文化为企业文化背景依托，用草原特有的民族风情和地域特色来吸引消费者，并且用草原文化来打动消费者，在此基础上将“休闲”食品概念与草原文化相融合，打造朗琨提出的“互联网草原休闲零食”品牌形象。

（二）品牌形象拓展

朗琨电子商务公司通过“卡通形象”设计和包装等进行企业的品牌形象拓展，对牛肉干和奶制品两款主打产品，设计了卡通 logo，形象简单生动可爱，便于消费者记忆。牛肉干以一个呆萌、可爱的小牛形象，赋予人性化的体态，展现出可爱、健康、快乐、积极向上的形象，是为了突出朗琨草原休闲食品的定位。乳制品是一个乳白色的奶滴，给人留下美味香醇的草原食品的印象。

在包装方面，整装牛肉干用塑封的塑料包装，而散装牛肉干按照不同称重分为小、中、大三类包装纸袋，包装口有塑封条，便于保鲜。奶制品则根据口味的不同把包装袋设计成不同的颜色，例如，在奶制品方面有芒果口味，让消费者看了外观就能识别不同的口味突出品牌的时尚外观，卡通形象 logo 设置到包装袋的左上角，仅仅用勾勒轮廓的美工设计方式。这样能够突出 logo 的个性特点，区别于其他填色的不同图案。

六、整合营销要素，加强与消费者的互动

朗琨为加强与消费者的互动，首先调整营销组合策略。在产品规格包装方面，对牛肉干使用塑封小包装，这类包装方便休闲、旅行，便于携带，利于保鲜。乳制品，则选择 150 克规格，推广多种口味，便于年轻消费群体的休闲、消遣。在价格方面，主要针对 80 后、90 后中高收入消费群体，坚持质量领先的目标，用适当的高价保证高质量，弥补制作的高成本，同时在保持产品优质优价的基础上，还辅以优质的宣传，提升产品形象。具体产品而言，牛肉干使用整数定价策略，奶制品使用尾数定价策略。通过调整产品与价格，借助多种网络沟通方式，实现与目标消费者的良性互动。

（一）注重与用户互动

在休闲食品市场上，具有地域特色的食品深受大众的喜爱。随着电商平台的快速发展，各种品牌的商家开始关注消费者对其所销售产品的满意度，从而进一步改善服务质量，提升品牌形象，提高用户忠诚度。

朗琨电子商务公司注重与消费者互动，首先，建设了微信公众平台，不定期推出互动项目，与消费者进行交流。其次，利用微博社交软件与消费者互动，开发了二维码，通过模拟游戏让消费者了解产品的制作过程，比如，购买了羊脊骨可以在整羊的图案上填上羊脊骨，而把整个羊填满之后，可以享受优惠。最后，利用微博创建话题热度，让内蒙古地区以外的消费者了解内蒙古的风土人情，并认识朗琨纯正的牛肉干、无添加剂的奶食品，以及包装精致、口感香醇的奶茶，通过以上一系列的活动朗琨电子商务公司加强了与用户的互动，扩大了企业的影响。

（二）了解消费者心理

对如今的线上消费者而言，在纷繁的购物平台上购物，被众多的同类商品包围，经常眼花缭乱，难以选择。对企业而言，如何让顾客在众多的购物平台上、诸多的竞争产品中被消费者选择成为其努力的方向。因此，为了能被消费者选择，企业需要不断了解消费者心理。朗琨电子商务公司研究消费者县里在节假日推出节假日特色产品，按照消费时机推出有新意的礼品套盒，给不同产品在每个时段赋予不同的购买意义，通过把握

节日节点、赋予产品新意等一系列的营销活动，帮助有购买欲望的消费者做抉择，实现销售目的和消费者与企业的共赢。

（三）扩展消费群体区域

长期以来，奶制品和牛肉干等食品主要受到内蒙古地区的消费者喜爱，其他地区的消费者对内蒙古特色食品并非特别青睐，原因众多，其中有内蒙古特色食品的产品定位不清晰的影响，朗琨电子商务公司将内蒙古特色食品牛肉干、奶制品等定位为休闲食品，赋予它更多休闲食品的价值，便于消费者认知，得到消费者认同。朗琨电子商务公司通过建设微信群、QQ 群，建设不同区域的消费者社群，博得更多消费者的关注，主动与消费者分享关注度较高的事物与话题，传播休闲食品定位，在一些顾客群里分享设计的漫画连载，分享有趣的、受关注的信息，在不同顾客社群里设置相关问题，鼓励消费者参与回答，以获得朗琨电子商务公司的优惠券或者免费礼品，大大增加了各类顾客群的活动量，与顾客进行了有效的沟通，保持顾客群对“朗琨”品牌的兴趣度。朗琨为增进与顾客的互动沟通，按照企业与客户联系的紧密程度和接触程度，还将其顾客分为五种类型：基本型、被动型、负责型、能动型、伙伴型，并对不同类型的顾客有计划地推出更有针对性的互动活动，既加强了与消费者的联系，又将企业的消费群体扩展到更广阔的区域市场上。

总之，朗琨电子商务公司在新时代消费升级的背景下，通过线上平台销售其内蒙古特色食品，借助于不同的营销形式和沟通技巧，恰当地与其所定位的 80 后、90 后消费群体进行互动与交流，形成了企业稳定的消费者群体，实现了公司的目标，获得了成长，给新消费环境下的其他企业提供了启示与经验。

【案例评析】

朗琨电子商务公司在新时代消费升级的背景下，突破了内蒙古特色食品以往被定位于三餐食品或礼品的传统形象，且食品市场长期以来未曾有对顾客加以细分的惯例，朗琨电子商务公司率先将内蒙古特色食品定位于年轻人的休闲零食，用小包装、便携包装将内蒙古特色食品送到不同消费场景，又通过对消费群体购买能力的考量，认定 80 后、90 后的消费者购买力强，市场规模可观，将其作为主要目标群体锁定后，通过一系列线上营销活动改变内蒙古特色食品长期以来的刻板形象，突出美味、休闲、易于携带，线上购买便利等特征，将内蒙古特色食品与美味、时尚、便捷联系起来，在增长迅猛的休闲零食市场上独树一帜，取得了较好的效益。由此可见，成功的定位能增加企业市场机会、提高企业的市场竞争力。

【案例讨论】

1. 电商企业消费者的需求有哪些特征？
2. 马斯洛的需求层次论对朗琨公司在满足消费者需求方面有何启示？

3. 了解消费者深层次需求的途径有哪些？

4. 请你为电商企业提出三种以上与消费者互动的营销方法。

5. 请你分析朗琨电子商务公司选择现有目标群体的原因。

6. 请你为朗琨电子商务公司下一阶段的目标市场定位提出建议。

【参考文献】

1. 吴健安：《市场营销学》，高等教育出版社 2014 年版。

2. 黎志成、刘枚莲：《电子商务环境下的消费者行为研究》，载于《中国管理科学》2002 年第 6 期。

3. 吴健安、聂元昆：《市场营销学（第六版）》，高等教育出版社 2017 年版。

第六章 目标市场营销战略

目标市场营销战略是指企业在市场细分的基础上选择目标市场，经过对不同细分市场评估，以决定选择哪些细分市场；之后，企业要进行市场定位，即结合企业现有条件，参考竞争产品在市场上所处的位置，针对顾客对该类产品的需求情况，塑造本企业产品独特的个性和形象。对于消费者市场而言，由于所处的区域市场环境的差异，特别是年龄、职业等个性特征因素的差异，会在一定程度上使消费需求产生差异性，因此，企业通过细分市场、目标市场选择和竞争性定位三个重要战略步骤来规划并精准选择目标市场，能为针对目标市场需求而制定的营销策略及其实施提供基础和依据。

第一节 网易云音乐：圈层营销的践行者

【相关理论】

市场细分是指企业依据需求和购买行为等方面的差异性，将某一产品的整体市场划分为若干子市场的过程。市场细分理念认为市场上的顾客总是有差异的，存在不同的需求，有不同利益和价值的诉求，企业要对市场进行细分，而不是仅仅体现在产品差异化上面。市场细分是一个过程，从顾客及其消费需求不同中寻找、发现相同或相似的因素，区分出具有市场营销意义的若干部分，使得细分市场内部表现出更多的同质性，减少顾客满足中的欠缺与不足，更好地适应了规模经济和批量营销的要求。科学的市场细分和选择目标市场，能根据目标市场需求的变化，调整产品组合及其他营销策略，取得更优投入产出与效益。

【教学目标】

1. 通过本案例学习，了解及洞察消费需求表现，明晰市场细分的重要价值。
2. 熟悉并掌握精准目标市场营销的可行性思路。

【案例正文】

“圈层”可以是广义的具有相同社会属性的阶层，也可以是区域内本身具备很强的社会联系、社会属性相近的群体。圈层化是社会发展中必然的特征，会产生明显的多个阶层分化，也会产生同一阶层的有机融合，同一类人群具有相似的生活形态、艺术品位，自然就会产生更多联系。网易云音乐是一款由网易开发的音乐产品，网易云音乐的营销可谓圈层营销的典范。

一、网易云音乐的发展

网易云音乐于2013年4月正式发布，以20～30岁的年轻用户为主要的目标群体，其依托专业音乐人、DJ、好友推荐及社交功能，在线音乐服务主打歌单、社交、大牌推荐和音乐指纹，以歌单、DJ节目、社交、地理位置为核心要素，主打发现和分享；同时，云音乐是国内首个以“歌单”作为核心架构的音乐app，接入了通信与视频的点播、存储、转码以及播放器等功能，使批量遇见好听音乐更加简单。

TalkingData移动数据研究中心发布的数据显示，2014年1～9月，网易云音乐以36.5%的用户月增长率居所有音乐类app的第一位，超过QQ音乐等同行产品。2015年1月，网易云音乐荣获百度中国好应用“年度优秀视觉设计奖”。2015年7月，网易云音乐宣布其用户数突破1亿，累计产生1.2亿条乐评和2亿次的音乐分享。截至2017年4月，产品已经包括iPhone、Android、Web、PC、iPad、WP8、Mac、Win10UWP、Linux九大平台客户端。2018年3月，科技部正式发布《2017年中国独角兽企业发展报告》，网易云音乐以12.3亿美元估值排名第91位。2018年8月，网易云音乐入选2018福布斯中国50家最具创新力企业创新榜。2018年8月，全球知名风投调研机构CB Insights公布2018年全球独角兽企业榜单，网易云音乐排名第46位。从2017年开始，网易云音乐已与Kobalt Music、腾讯音乐、华研音乐、阿里音乐、索尼音乐、腾讯音乐、小米音乐等达成音乐版权转授权合作。2020年5月，与国际音乐版权行业三大巨无霸之一的华纳版权达成战略合作，双方在曲库内容、音乐IP开发等音乐产业展开全方位合作，很重要的是获得130万首音乐词曲版权。根据2019年12月中国主流手机音乐客户端年龄分布统计显示，网易云音乐用户年龄在25～30岁之间的用户占总人数的48%，年轻化特点突出，产生了网易云音乐客户端上高质量的UGC内容和高活跃度的社区交流。这离不开产品最初的正确定位，也离不开网易云音乐日渐成熟的营销手段。截至2020年底，网易云音乐已成为我国最大的线上音乐平台之一。

二、实现内容物化

以互联网为主导的智媒时代，其最大特点是以“个人”为基本单位的传播新格局的形成。诞生于移动互联网兴盛时期的网易云音乐，从一开始就立足于音乐社交、走差异化的发展路线。通过歌单、评论、个性化推荐、动态等丰富的UGC内容，网易云音乐在发现和分享优质音乐，连接用户、音乐人和歌曲上有着天然的优势。如传统的音乐产品是按音乐专辑、编辑推荐的方式，用户是围观和接收信息的使用者；而网易云音乐却是让用户自己去创立歌单，用户可以根据不同的使用场景创立歌单。

2018 年 4 月，网易云音乐・亚朵轻居酒店正式在成都锦江区开业，将线上优势延伸到线下。其根据不同音乐的圈层爱好者打造相应的酒店主题房，融入了网易云音乐的两大核心元素——听歌和乐评，每个主题房间提供相应的音乐歌单和网易云音乐的蓝牙音箱，酒店电梯和楼梯里也可看到具有故事感温度的乐评。各种音乐元素随处可见，通过音乐元素与生活场景的融合，让到店的消费者可以对号入座，吸引年轻群体来体验一种有品质的停歇，达到了可观的传播效果。

智媒时代的用户对内容品质的要求从“将就”变为了“讲究”，分享场景和方式也发生了变化。从网易云音乐在音乐社交上的各类典型营销活动可见，网易云音乐一直将 UGC 内容作为营销活动的核心，结合时事热点、公益话题、正负向情感等作为广告内容或包装的一部分；再根据不同的营销场景，分析该场景下人群心理特点，选择最合适的内容，促使其与产品达到深度融合。依托平台原生内容，用户不仅有个人情感的释放与传递，还达到以音乐友好社交的目的，同时也增强了用户对网易云音乐的忠诚度与黏性。

三、营造出有共鸣的社区氛围

在社会关系网络中，个体与个体之间特征的相似及相容性决定了二者是否会形成连接。在音乐平台上，音乐元素作为社交展开的重要一环，很好地体现了由相似性带来的个体与个体之间的联系。网易云音乐将自身定位为移动音乐社区，主张通过音乐来建立新的社交关系，并依靠这种潜在的社交关系来提升产品的品牌价值，在数字音乐圈层中形成了不可小觑的力量。

2017 年 3 月，网易云音乐瞄准人们的孤独感，选择最能体现“奋斗的疲惫和孤独感”的地铁这一媒介渠道，通过后台大数据及人工筛选的方式，从 4 亿多条乐评中精选近百条用户乐评，将其铺满杭州地铁 1 号线及江陵路站，举行了一场名为“看见音乐的力量”的营销活动。当活动刷爆朋友圈，余热尚在时，该系列的第二场活动也在酝酿中。2017 年 6 月，由网易云音乐和扬子江航空联合打造的网易云音乐“音乐专机”首度亮相上海浦东国际机场，主题为“起飞吧，音乐的力量”。与地铁专列“扎心的”乐评相反，音乐专机上分享的是网易云音乐精选出的 18 个神级 UGC 歌单，平均播放量超过千万；将其布置在飞机的各个角落，并和航机上媒体 PAD 深度结合，将歌单植入其中，不同类型的趣味化歌单让旅途不再枯燥乏味，感受音乐的力量。2018 年，网易云音乐再次瞄准“乐评”，联合人民日报出版社，在网易云音乐的 100 万高点赞的乐评中，精选了 244 条有共鸣的留言内容，推出纸质乐评笔记书——《听什么歌都像在唱自己》，延续了刷屏关键词——乐评，也在一定程度上借势 2017 年事件传播的热度和影响力。2019 年 7 月，网易云音乐社区板块“云村”上线，标志着音乐社区开始从相对自发分散的状态向集中社区交流空间转变，为网易云音乐的社区打造注入了新的活力。2020 年上线了云圈功能，不同歌手、不同主题的动态等得以分类，使音乐社区符号化。

无论是地铁专列、音乐专机还是乐评笔记，网易云音乐的这几次营销活动皆基于乐评、歌单等在内的 UGC 内容，通过对用户听歌行为收集、准确分析，再推送给用户。这类 UGC 内容产生的优质内容的沉淀，为音乐带来丰富又有趣的注解，可看性高。在帮助用户更好地体验产品、发现和分享好音乐的同时，也放大人们的真情实感，给产品带来温度。因此，通过文字和用户产生对话，让用户去影响用户，营造出了有共鸣的社区氛围。

四、让情感＋技术成为传播的助推器

网易云音乐强大的 UGC 乐评产出能力及带来的高度情感共鸣，是目前其他数字音乐平台无法比拟的。在营销中，深挖品牌情感内涵，将品牌形象植入外部包装，实现了形象与内容的深度互动与融合。当引发情感的那一刻，用户就成为了主动的传播源。

2017 年 8 月，网易云音乐和农夫山泉携手打造了 4 亿瓶“乐瓶”产品，联合京东在全国 69 个城市发售。此次营销活动的亮点是在矿泉水瓶身附上黑胶唱片，并附上用户的精彩评论，进行 AR 扫码就会出现一片星空，上面会显示评论。这让普通的矿泉水变成了情怀瓶，引起了消费者的情感共鸣，也让大量消费者成了网易云音乐的用户。2017 年 12 月，网易云音乐联手杭州香积寺，举办了一场“禅音行动”，将禅音和现代音乐融合。在音乐会中引入 AR 等高科技技术，以更“互联网化”的形式传播禅音。只要用户通过“账号—扫一扫—AR”，进入祈福页面，输入自己的一句话心愿，点击许愿即可通过 AR 放飞心灯。网易云音乐通过祈福和点亮心灯的创意，增加了仪式感，更利用音乐在环境打造上的优势，实现了用户在音乐场景下的情感共鸣。2018 新年初始，网易云音乐发布《2017 网易云音乐用户年度听歌报告》，记录了每个用户在云音乐这一年的听歌记录，整理出一份别具特色的个人年度听歌报告，随后在各社交平台广泛流传；其空间外表是音乐，中间是每个参与者的故事，而内核是社交。2021 年 4 月 23 日的网易云音乐 8 周年庆典上，网易云音乐宣布推出“play 视频计划”，以视频的方式推歌，可以通过主页视频封面、视频歌单、专属视频创作工具等创新产品功能，更便捷地创作视频内容，传播音乐作品。

网易云音乐的营销从用户自身出发，紧扣用户关注点，让用户的情感借助这些形式得到更好的表达，在满足自身社交需求的同时，也扩大了品牌知名度，提升了品牌形象。对于网易云音乐这款音频类产品而言，情绪消费是其必不可缺的基本消费行为；且在大数据、移动互联、AR/VR、人工智能等技术不断商用和普及的智媒体时代，无论从产品本身而言，还是从每一次营销活动而言，技术的注入为其带来新的活力。

五、网络云音乐圈层营销的启示

（一）聚焦圈层实现自传播

中心化传播的时代，其传播的路径是媒介→受众→受众；传播媒介只能到达第一层受众，如果内容能激发受众，受众会持续传播，反之，传播止于第一层受众，不再扩散。在去中心化传播的时代，媒介传播的效能越来越弱，能否有效激发“受众→受众”的自传播，才是传播效能高低的关键。

“受众→受众”的自传播，是如何实现的呢？每个人都有若干不同的类群，每一个类群都有其共同的兴趣取向，所以，让内容符合不同类群的兴趣取向，从而激发类群之间的传播，就是圈层传播。如果传播承载了营销目的，自然就是圈层营销了。

在同样的圈层里，信息传播非常快；而在不同圈层里面，信息的传递则变得非常困难。因此，在网易圈层传播方案的确立上，每个方案必须有明确的种子用户落脚点，有机会在一个明确圈层中引起自传播，成为整个传播的种子人群；最重要的是不断做减法，避免创意执行中的浪费，失去产生真正好创意的机会。内容具备足够的社交传播势能，圈层传播就会导向跨圈层传播，当多个圈层同时都传播时，全民刷屏就产生了。如网易云音乐的乐评地铁，最开始只是营销圈层的人在传播，引起规模化的自传播效果后，渗透这个圈层，很快吸引了更多圈层的关注与讨论，跨圈层传播开始。

（二）设计个性化口碑内容

凡是能买到别人的关注、评论、点赞的行为都可以称之为社交货币。而社交货币能够强化个体（圈层）的社会地位，所以，用户有天然的动机去传播收获社交货币的内容。因此，根据圈层用户需求，提供个性化的口碑内容，让圈层用户在社交时能够发布收获关注、评论、点赞的内容载体，帮助用户获取更多的社交货币，就能让用户替品牌产生更多的圈层传播。

如在2018年网易云音乐的新年策划中，网易云音乐首页推荐栏或品牌视频尾部接入的《2017网易云音乐用户年度听歌报告》，提供了4亿用户与音乐的渊源，详细呈现用户这一年听音乐的心情与心声：这一年你在网易云音乐听了多少首歌；睡得最晚的那天，是哪首歌在陪你；哪一首歌对你而言最特别，因为你反复听了N次。当网易云音乐的用户年度听歌报告生成后，用户惊喜发现，站在全年的角度，自己的心路历程原来呈现了自己熟悉但又完全很新鲜的自我，给予了用户彼此认同的机会，这是在朋友圈收获更多社交货币的绝好素材，分享和刷屏也就在大家争相吐露年度自我心路历程中很快产生了。

从2019年9月以来的百度指数可以看出，网易云音乐在app排名、搜索指数和资讯指数中都位列第一。智媒时代的发展，使得个人能量得到极大激活，同时也促进了品牌与用户之间建立密切联系，形成信息与用户需求智能匹配的传播生态系统。网易云音乐的圈层营销正是基于分散化的平台用户，将平台UGC内容作为建设的重要组成部分，共同构建音乐社群，共同打造网络生态；且在传播过程中聚焦于某一圈层，洞察该圈层用户的兴趣关注取向，为其设计个性化口碑内容，驱动用户实现圈层内传播，甚至是跨圈层传播，让用户在社交时能够发布更具有自我特色的内容载体，赢得更多的社交货币。

（三）激发用户情绪，驱动自传播

在消费内容升级的驱动下，传统功能性消费已无法满足用户品质化、多元化、个性化的消费需求。将情绪绑定在产品和品牌上，从而让产品和品牌在具备实用价值的同时，还具备新的情感购买动机，如“喜茶”和“丧茶”的爆红、天猫无人超市的“Happy购”等情绪营销新方式，更能在社交媒体中带来裂变式反应。

用户情绪具备天然的传染属性，网易云音乐在圈层传播设计中，经常用到激发用户情绪，驱动用户自传播的方法。如网易云音乐的乐评地铁，主要激发了用户内心深处孤独的情绪，这类激发情绪的内容极富传播的传染性，因此，网易云音乐自2013年面世以来，凭借特殊的情感化营销，收获了8亿用户。在《2019年1季度中国移动互联网行业发展分析报告》中显示，在移动音乐市场中，网易云音乐的用户黏性位居第一，以33.5%的数值领跑行业。

综上，从网易云音乐“圈层营销”的梳理来看，网易的营销以用户导向，了解圈层用户的需求，制定投其所好的营销内容，帮助用户发现、分享更多的好音乐；并将音乐和社交相结合，其不仅是听歌的工具，还变成了交流和讨论音乐的社区，让用户获得社交货币和社交利益，用社交势能给用户赋能，从而产生圈层传播。在数字音乐的红海市场里，网易云音乐是一款以音乐为由头的移动互联网社交产品，无论是产品形态还是功能设置，都针对移动互联网用户，如何真正通过音乐来帮助用户获得有价值的社交关系，还需要更多的尝试。只有结合用户需求，不断去发掘未来发展方向，才能做出大家喜欢的产品。

【案例评析】

现代企业营销战略的核心称为“STP”营销，即细分市场、选择目标市场和市场定位。合理的细分、明确的目标市场，恰当的定位是实施营销手段的重要前提。该案例以移动互联网时代音乐类app市场日益激烈的竞争为背景，分析了作为音乐类app的后起之秀——网易云音乐的差异化竞争之路，其创造了大量的经典营销案例，以时尚年轻人群为核心，在短短几年时间里积累了庞大的用户群和用户黏性；认为网易云音乐“STP”营销成功的关键在于切入用户使用的音乐场景，通过市场调研探究用户在家庭、路上、车上等主要场景，围绕这些场景下的需求和痛点，提供更优质的音乐体验，已经不再是单向营销，而是实现了让老用户最大化地影响朋友和亲人，因此，网易云音乐的营销拥有了更多的可能性。总之，发现细分市场并充分挖掘消费者的需求才是有价值的。

【案例讨论】

1. 结合案例分析，在智媒体时代如何洞察用户圈层？

2. 从顾客需求演变的角度，分析维系圈层营销成功的关键点有哪些？

3. 网易云音乐在差异化营销方面该怎样再实现突破？

【参考文献】

1. 王竹君：《网易云音乐：深入洞察用户的情感营销》，载于《国际公关》2017 年第 5 期。

2. 刘彦宏、汤婷：《新技术与营销创新——智媒体时代下网易云音乐的营销策略》，载于《国际品牌观察》2018 年第 3 期。

3. 丁太岩、李雪英：《社会化创意下网易云音乐内容营销策略研究》，载于《视听》2019 年第 3 期。

4. 李娇：《浅析网易云音乐成功原因》，载于《市场周刊》2019 年第 4 期。

5. 侯璐璐：《网易云音乐 APP 市场发展探讨》，载于《出版广角》2020 年第 12 期。

6. 吴健安、聂元昆：《市场营销学（第六版）》，高等教育出版社 2017 年版。

第二节 汉森葡萄酒营销的成功与危机

【相关理论】

目标市场选择是指企业在评估不同细分市场之后，决定选择哪些和多少细分市场的过程。目标市场是企业想要进入的最佳细分市场，它不仅是企业营销活动要满足的市场，而且是企业为实现预期目标要努力进入的市场。企业实力、产品、市场和竞争者战略都影响目标市场选择的战略。企业集中力量进入某细分市场，或是进入该细分市场进一步细分后的子市场，开发理想的产品，将提高产品的顾客忠诚度和利润率。

【教学目标】

1. 通过本案例学习，认识市场细分、确定目标市场、市场定位的重要作用。

2. 熟悉目标市场选择评估中诸多的影响因素，为分析、评价及确立适宜的目标市场营销策略建立基础。

【案例正文】

中国葡萄酒产区自然环境复杂，不同地区栽种的酿酒葡萄都可以产生不同的个性风格，生产出独具各自产区特色的葡萄酒。近年来，一批国产葡萄酒企业、酒庄已经做出了高质量的个性化产品，得到了国内外的认可，具有不同地域特点的中国风格葡萄酒产品群正在形成。汉森酒业作为乌海市葡萄酒产业的“领头羊”，其运用目标市场营销打造了特色观光农业发展之路。

一、汉森酒业集团发展简介

乌海市位于世界种植葡萄的黄金地带，被国内葡萄专家誉为“中国很有发展前途的葡萄栽培区”。自20世纪末，随着我国葡萄酒产业的兴起，乌海市也兴起了葡萄种植，但成规模的葡萄加工企业为数不多。汉森酒业的创始人看到了葡萄产业的发展前景，于1996年投入数千亩酿酒葡萄的种植，2001年，内蒙古汉森酒业集团有限公司的前身——内蒙古汉昇葡萄酒业有限公司正式成立，通过多年发展，已是内蒙古民营企业百强、农业产业化国家重点龙头企业。内蒙古汉森酒业集团有限公司形成了多元化发展的产业集群，葡萄酒是公司的主导产业。

公司以国际先进的酿酒技术与设备为基础，以有机健康的葡萄酒事业为平台，汇集了一批国内外优秀的酿酒师、品酒师、葡萄种植专家和工程师、技术员团队。公司以葡萄酒生产为核心，逐步形成酿酒葡萄苗木培育和种植、葡萄酒文化推广、葡萄酒文化交流、葡萄酒主题休闲旅游、高效设施农业等复合型产业格局。公司确立了良好的品牌形象，建立了质量保障体系。

“汉森”商标于2006年5月在国家管理总局商标局注册，从此，一个优质葡萄酒品牌用法律形式确定下来。2007年10月，“汉森”商标被认定为内蒙古著名商标。2009年，汉森葡萄酒被评为“内蒙古名牌产品”。随着汉森酒业的发展壮大，“汉森”牌葡萄酒品牌声誉和美誉逐步提高。2010年，汉森葡萄酒成为上海世博会DEVENT馆唯一指定用酒，也是上海世博会“内蒙古活动周”中政府唯一指定用酒。2011年，乌海的汉森酒庄被命名为“国家AAA级旅游景区”及“全国休闲农业试验示范区”。2012年，汉森葡萄酒被国家工商总局评为“中国驰名商标”。2013年，汉森酒业集团有限公司获得第二届内蒙古自治区主席质量奖。2014年，汉森葡萄与葡萄酒获得欧盟有机双认证。截至2016年7月，汉森共参加了三大洲（欧洲、亚洲、北美洲）、12个国家（法、英、德、美等）共计25项国际葡萄酒顶级赛事的角逐，在欧美市场赢得关注。2017年9月，世界沙漠葡萄酒论坛在汉森酒庄成功举行。2016年，汉森酒业的有机葡萄种植基地已达到10万亩，建成了国家级“标准化酿酒葡萄种植示范基地”。作为沙漠葡萄酒企业的佼佼者，汉森葡萄酒品牌已成为乌海市及内蒙古自治区的一张亮丽的名片。

二、汉森葡萄酒生产及产品概况

（一）生产概况

公司投巨资引进国际先进的葡萄酒酿造设备，包括榨汁机组、闪蒸机组、控温发酵罐、贮酒罐及全自动进口灌装生产线，保障了葡萄酒的生产与工艺。同时，从法国购进几千只世界优质的橡木桶，通过地下恒温恒湿的贮酒窖用以存储优质葡萄酒。

公司技术力量雄厚，有国内知名葡萄酒酿酒专家率领的一批强有力的精干技术专业人才队伍。拥有从事研究的科技人员、国家级酿酒工业协会酿酒师、品酒师多人。公司聘请了法国著名酿酒师、品酒师布鲁诺担任公司的首席酿酒师。目前汉森技术中心是内蒙古葡萄酒工程技术研究中心，中心可完成国家葡萄酒标准要求的多项指标检测，此外，还可以进行葡萄酒稳定性实验和新工艺研究等。

2012 年，汉森“迟采霜红葡萄酒的生产工艺”获得国家发明专利。2014 年成立内蒙古葡萄产业研究院，主要从事基础研究、新产品、新技术研究和葡萄产业化可持续发展相关研究。2016 年，汉森“洋葱葡萄酒的酿造方法”获得国家发明专利；同年，获得实用新型专利 10 项。

（二）产品概况

1. 种植优质葡萄，造就品质保证

乌海市是黄河流入内蒙古的第一站，黄河穿城而过，流经市区 105 公里，左边是 1 万平方公里的乌兰布和沙漠，右边是雄伟的甘德尔山。乌兰布和沙漠和库布齐沙漠的交汇处。乌海市地处大陆深处，是显著的大陆性气候，日照时间长，太阳辐射强，昼夜温差大，气候干燥，风沙大，年平均气温 9.0℃ ~9.2℃，年平均降水量 162.4 ~168.5 毫米，适宜种植葡萄。所产葡萄含糖量高，酸度适中，色泽鲜艳，香气浓郁，病虫害少，品质极佳。为充分发挥乌海产区的优势，保障优质有机酿酒葡萄的生产供应，汉森酒业按照国际标准种植模式，建设葡萄嫁接育苗基地 400 亩，葡萄种植基地 1 万亩，引进赤霞珠、梅鹿辄、霞多丽等国际优良酿酒葡萄品种，实现有机葡萄种植和管理。其中蛇龙珠葡萄为全世界仅汉森一家独有，由蛇龙珠葡萄酿制的蛇龙珠葡萄酒成为全新的葡萄酒品种而引起世界关注。2011 年，汉森酒庄被命名为“国家 AAA 级旅游景区”及“全国休闲农业试验示范区”。

汉森酒业以乌海产区的优质葡萄为原料，采用国际先进的加工工艺，经著名酿酒师调配，造就了“汉森”葡萄酒的高贵品质。并经地下酒窖橡木桶进行长时间储存，来保证其纯正的口感。精心酿制的“汉森”葡萄酒，色泽鲜亮、浓郁淡雅、圆润醇厚、品质出众。目前生产的主要产品有窖藏蛇龙珠、窖藏赤霞珠、珍藏梅鹿辄、四星解百纳、五星解百纳、迟采霜红、冰雪丽干白葡萄酒和霞多丽干白礼盒等。

2. 打造生态酒庄和沙漠酒窖

2007 年，汉森酒业开始建设循环经济示范园——汉森河谷酒庄，2008 年庄园投入运营，开启沙漠循环经济实践。公司陆续建设了引黄灌溉工程、高效联栋温室、生猪养殖、大型沼气、有机葡萄种植、葡萄酒加工等项目，打造林、草、农相结合的治沙模式，形成了“养殖—沼气—种植—酿酒”和“农业—加工业—旅游”的循环经济模式，把沙区葡萄产业从单一的种植业发展成为集葡萄种植、生产加工、餐饮住宿、旅游观光为一体的综合性大型绿色园区。在品牌效应的带动下，汉森酒业年销售葡萄酒 1 000 吨左右，在实现利税的同时带动了农区经济的发展。

汉森庄园国际会所地下一层参照国际标准，建成了地方特色与欧式建筑风格相结合的地下酒窖。按功能分为酒窖、地下酒吧、酒文化区、原酒储存区、品酒区、瓶酒储存区等。窖内可容纳国际标准橡木桶（225 升）2 000 只左右，储酒量可达到 500 吨。酒窖常年恒温恒湿，利于葡萄酒在橡木桶中的陈酿。如经过橡木桶一年左右陈酿的汉森干红，香气更浓郁，丹宁结构感更强健。

汉森葡萄酒现有汉森干红系列、窖藏系列、典藏系列、珍藏系列等六大系列 100 余个品种，已销售到全国 15 个省、直辖市、自治区，销售网络形成了以呼和浩特为中心的内蒙古市场，以及以成都为中心的西南市场、以广州为中心的华南市场等区外市场。随着 2011 年公司启动国际化战略，汉森产品已完成对丹麦、比利时、法国、澳大利亚等国家的出口。

三、汉森葡萄酒目标市场营销现状

（一）产品满足消费者对葡萄酒品质的要求

好的葡萄酒是种出来的，因为葡萄酒讲究的是七分原料三分工艺。坐落在优质酿酒葡萄黄金种植带上的汉森酒业，拥有世界上最好的酿酒用葡萄。汉森酒业严格把控酿酒葡萄的采摘期，每年酿酒葡萄大批量成熟的时候，会对要采集葡萄的种植园进行跟踪监测，在葡萄所含糖分达到规定标准后，才进行采摘，以保证采摘的葡萄充分成熟。采摘下来的成熟优质葡萄在第一时间送入流水线进行加工，酿制设备全套引自西班牙和法国，是全世界目前为止最为先进的酿酒设备。同时，还拥有世界顶尖的葡萄酒酿制专家指导发酵和陈酿。加工好的葡萄酒被送入地下酒窖进行最后一步的发酵，盛放葡萄酒所用的橡木桶是世界顶级的优质橡木桶，经橡木桶存放发酵后的葡萄酒，会带有高端橡木香气，香气优雅、口感浓郁。

上述原料和工序酿造的汉森葡萄酒，在色泽、气味、口感等品质上，都达到乃至超过国际相关标准。汉森酒业的高、中、低档产品的品种齐全、种类和售价多样，满足了高、中和中低收入消费群体对葡萄酒的需求。

（二）广告投入较少，销售成本较低

汉森酒业所面向的核心市场在内蒙古市场，广告投放往往会放在自治区内的主要城市。公司采用的广告有户外广告牌、公交车体广告、超市促销宣传册与地方台广播等媒介，以上广告媒介投放费用较低。汉森酒业很少在电视媒体投放广告，因此，汉森酒业在广告投放上所付出的花费较少。广告投放费用是企业花费数额较巨大的一项支出，也是企业十分重视的运营成本，而汉森酒业通过减少广告投放的方式，有效降低了此项成

本，从而利于控制葡萄酒的销售成本。

（三）渠道优化，增加了购买的便利性

经过多年精心打造，汉森酒业在许多城市开设了经销网点，“汉森”葡萄酒的知名度不断提升。汉森酒业成立的最初几年，因为诸多因素，葡萄酒产品只在乌海市销售。销售的方式主要是向销售商供货、销售商向顾客销售的传统模式，2007 年以前，汉森酒业每年在乌海市的销售额徘徊在 100 万元左右。2007 年，汉森酒业对公司的销售渠道进行了重新优化，在乌海市设立了多处所有权归汉森酒业的直营店。2008 年，汉森酒业在乌海市的年销售额达到了 1 000 万元，创下了公司销售的新纪录。自此，汉森酒业又先后在呼和浩特市、包头市、鄂尔多斯市、巴彦淖尔市和乌兰察布市等区内的几座主要城市开设了公司的直营店，打开了这些城市的市场并取得了骄人的销售业绩。

投资和建设成本决定了公司不能在一个地区开设过多的直营店。对于已经开拓好的市场，为了方便当地消费者的日常购买，汉森酒业又引入了品牌代理商这一新销售渠道。如 2011 年 11 月，丹麦最大的红酒经销商尼吉拉·拉森成为丹麦首个汉森葡萄酒代理商，2015 年汉森酒业与包头现代牧业签订全国市场销售合作协议，专注于汉森自有品牌葡萄酒的销售。品牌代理商通过代理汉森品牌，可以以优惠的价格从汉森酒业购入葡萄酒，再以向消费者分销的方式赚取差价。品牌代理商属于独立法人，不需要汉森酒业对其付出建设和运营成本，而且想成为汉森品牌的代理商，还需要向汉森酒业缴纳一定的代理授权费用。品牌代理商制度有效节约了销售运营成本，也增加了消费者购买的便利性。

汉森酒业除了通过直营店和品牌加盟店销售葡萄酒以外，还通过和酒吧合作方式销售葡萄酒。汉森酒业出资分担一部分酒吧的装修费用，酒吧以汉森的商标命名并在店内推销汉森葡萄酒。在呼和浩特市、包头市和鄂尔多斯市市区的大街上，常会看到以“汉森酒吧”或“汉森玛歌庄园酒吧”命名的酒吧。这些酒吧的葡萄酒盛放在橡木桶里，被摆放在酒吧内醒目的位置，让消费者在酒吧消费的同时，能够方便点选、享用新鲜的汉森葡萄酒。这样不仅直接拉动汉森酒业的销售，而且成为一种宣传方式，让更多的人知道和了解汉森葡萄酒。

（四）沟通方式趋于多样

汉森酒业购买了内蒙古一些主要城市市中心街道两侧的灯箱广告及公交车体广告，来提升在区内的知名度。另外，在地方广播电台节目中投放的软广告，多以推广葡萄酒文化、普及葡萄酒知识的形式出现，促进消费者对汉森形成专业的葡萄酒品牌印象。

相较于广告投放，汉森酒业也看重人员促销的作用。作为汉森酒业的员工，到公司报道后的第一件事往往就是参加公司举办的各类葡萄酒品鉴技能培训班和知识讲座。每到向消费者推荐产品时，员工就会运用葡萄酒文化底蕴来熏陶和影响消费者，激发购买欲望，并运用娴熟的葡萄酒品鉴功底指导选择产品。

汉森酒业在内蒙古主要城市不定期会举办一些酒会，酒会主要目的是让区内更多的高端客户认识和品尝汉森葡萄酒，来拉动销售。另外，酒会的重要目的在于希望酒会发展成为区内高端人士、大型组织团体及其他重要人士聚会的场合，形成汉森的酒会文化，以此来提升汉森的品牌形象和地位。

2011 年由汉森酒业承办的大型系列主题公益活动“绿色中国行——走进乌海暨汉森·首届中国葡萄公主颁奖晚会”在古老的黄河岸边隆重上演。2014 年，全球第一大葡萄酒电子商务网站——也买酒与汉森开始开展线上线下合作，通过以“也买酒”为核心的网络平台，在市场宣传推广中塑造汉森酒庄品牌。如推出了根据在也买酒平台的订购量赢“汉森酒庄游”的活动，让消费者认知葡萄酒的原料种植、生产流程与质量把控，还有储酒、餐饮搭配与红酒文化体验等丰富内容，实现与消费人群零距离接触。

四、汉森葡萄酒的市场展望

汉森酒业凭借优质的酿酒原料和先进的酿造工艺，酿造出了品质一流的葡萄酒产品。同时，公司还依靠设立直营店、品牌加盟店，冠名优质酒吧，与当地政府开展合作等营销策略销售葡萄酒，逐步在国内众多品牌葡萄酒与进口品牌葡萄酒激烈竞争的市场上站稳了脚跟，稳步发展。但葡萄酒消费市场集中程度较低，市场的竞争愈发激烈，汉森葡萄酒在市场发展中需要正视不足。

（一）市场营销方面的不足

从布局来看，汉森酒业主营市场是内蒙古市场，产品在区外市场投放的各类媒体广告较少，缺少促销活动。虽然汉森葡萄酒品牌在区内具有一定知名度，但在全国的知名度较低。中国葡萄酒消费的核心市场在东部沿海地区与京津地区，相比于内蒙古自治区内市场，这些市场的消费者收入水平较高，葡萄酒消费文化业已形成。汉森葡萄酒品牌恰好在东部沿海和京津地区知名度低，这成为一大劣势。

消费者购买葡萄酒时，偏好于选择知名度高的大品牌。如果让消费者购买品牌知名度低的产品，消费者则会关注产品价格是否实惠。汉森酒业为消费者提供了品种多样的葡萄酒产品，但定位成同张裕和长城等品牌一样的葡萄酒，所以其产品定价向张裕和长城等品牌相应的产品看齐。从目前来看，在口感同质化下，汉森较高定价和较低知名度的现状影响着消费者对汉森葡萄酒需求的增长。

为汉森酒业销售额贡献较大的产品有解百纳干红葡萄酒和赤霞珠干红葡萄酒等，其主要面向收入虽然不多、但有一定盈余可以支持其购买一些非生活必需品以提升生活品质的消费者。他们购买葡萄酒这类用以提升生活品质的非生活必需品时，比较看重产品的性价比。如主打产品中的解百纳的包装采用葡萄酒瓶外套木盒，木盒外再外包牛皮纸手提袋的形式，采取此类包装提升了消费者对产品档次的印象。但包装成本相对较高，无疑是产品营销中的一个待解问题。

消费者可以通过汉森直营店、汉森品牌加盟店、大型超市及较大型烟酒店几种主要渠道购买汉森葡萄酒；此外，在酒吧饮用散装葡萄酒也是一个渠道。但汉森直营店、汉森品牌加盟店、大型超市及大型烟酒店规模较大，数量很少，且多数都在人口稠密的商业或行政区的主干道旁；而日常消费最为频繁的中型或小型超市、小区便利店及小型烟酒店中，很难看到汉森葡萄酒，所以消费购买过程并不方便。此外，这几条渠道中，只有汉森直营店和汉森品牌加盟店中的汉森葡萄酒种类较为齐全，大型超市、大型烟酒店及酒吧中销售的汉森葡萄酒种类相对不多。

（二）合理规划目标市场

汉森酒业所酿造的葡萄酒主要销往内蒙古自治区内的几座大城市，公司产品尚没有在全国葡萄酒消费市场进行有效覆盖，汉森在国内葡萄酒销售市场上品牌知名度较低。此外，汉森所面临的竞争对手所带来的威胁正在逐年增大。因此，需要将葡萄酒产品布局在大众消费市场，并把原有目标市场从区内扩展到全国，即将全国的大众消费市场作为公司的目标市场。因公司的酿酒用葡萄、酿酒技术与工艺、酿酒设备等均处于世界一流水平，公司应将葡萄酒产品定位在国内大众消费市场中的精品酒。

只有通过合理细分公司产品的市场、准确设定目标消费群体与产品定位，并进一步完善营销策略，才能巩固汉森在葡萄酒行业的市场地位。汉森酒业可通过了解消费者的偏好，重视通过媒介宣传其原料品质和酿造工艺，使多样化的产品能够符合不同消费者的需求；提供实体店销售、手机终端购买等更多的选购方式，来提升购买产品的便利性；还可通过电话访谈、开设葡萄酒讲堂、举办酒会、对重点客户进行定期拜访等方式，以优质服务来提高产品差异化程度。

综上，汉森酒业是内蒙古本土的葡萄酒酿造企业，区内的葡萄酒消费者是公司的主要市场；就区内而言，能够有较大规模化酿造和销售葡萄酒的企业仅有汉森一家，所以公司在区内尚缺少有力的竞争对手。从目前情况看，公司营销策略基本属于温和型营销对策。但基于上述不足的分析，要看到汉森葡萄酒需要从目标市场定位及营销策略上有所转变。

【案例评析】

明确的目标市场，合理的细分、定位是实施营销手段的前提。该案例基于优越的产区条件，自然、洁净的有机特质赋予汉森葡萄酒的竞争力为背景，分析了在目标市场营销上，汉森如何通过产品定制化、消费者互动、VIP 客户服务等，不断积累忠实的消费者，成为我国西部葡萄酒营销推进的践行者；该案例也表明葡萄酒市场经营没有优选模式，汉森葡萄酒利用在区内市场的影响力，进行区外市场拓展过程中，也需要切实弥补营销上的短板。因而，专注于细分市场，需要深挖市场的潜力，做到精耕细作。

【案例讨论】

1. 结合案例中汉森葡萄酒的营销现状，分析细分变量的运用。

2. 结合案例，谈谈本土中小企业品牌如何进行目标市场营销？

3. 目标市场营销定位的调整需要考虑哪些方面的因素？

【参考文献】

1.《汉森酒业董事长：葡萄酒市场正经历优胜劣汰》，中国网，2014 年 3 月 29 日，http：//china. com. cn。

2. 冯超：《基于4C 理论的内蒙古汉森酒业营销对策研究》，内蒙古财经大学硕士论文，2015。

3.《汉森：酿造沙漠葡萄酒传奇》，载于《乌海日报》2019 年 5 月 8 日。

4.《葡萄藤上的产业融合》，载于《工人日报》2019 年 11 月 6 日。

5. 吴健安、聂元昆：《市场营销学（第六版）》，高等教育出版社 2017 年版。

第七章　产 品 策 略

产品策略是指企业制定营销战略时，首先要明确企业能提供什么样的产品和服务去满足消费者需求，也就是要解决产品策略问题。产品策略作为企业市场营销活动的支柱和基石，从一定意义上来看，企业成功与发展的关键在于产品满足消费者需求的程度以及产品策略制定正确与否。

在现代市场营销学中，产品概念具有极其宽广的外延和丰富的内涵。产品一般是指通过市场交换提供给市场的，能满足消费者和用户某一需要和欲望的任何有形的产品和无形的服务。

第一节　华为：WLAN 全生命周期管理

【相关理论】

产品是营销组合中最重要、也是最基本的要素。无论企业的目标市场是全球市场还是本土市场，是传统产品还是新兴产品，是有形产品还是无形服务，在制定营销组合策略时，首先需要考虑发展什么产品来满足目标市场，同时，重视产品生命周期趋势的变化。20 世纪 90 年代以来，菲利普・科特勒等学者使用五个层次来表述产品整体概念，通过核心产品、形式产品、期望产品、延伸产品和潜在产品这五个层次，更为深刻和准确地表达了产品概念所具有的极其宽广的外延和丰富的内涵，并清晰地体现了以消费者需求为标准、由消费者需求来决定的现代营销观念。与此同时，企业也应注意到产品的销售或利润随着时间而发生的变化，这种客观的市场现象反映在产品上就是产品生命周期。实际上，产品生命周期的概念的是乔尔・迪安在 20 世纪 50 年代首先采用的，随后，西奥多・莱维特对这一概念给予了高度肯定。1966 年，美国经济学家雷蒙德・弗农正式提出了该理论。他们认为，典型的产品生命周期要经历引入期、成长期、成熟期和衰退期四个阶段，但这是相当机械地看待市场发展的观点。随着市场和技术的不断发展，一种更具建设性，观察顾客需求是怎样随着时间演变而由不同产品和技术来满足的产品生命周期在实践探索中应运而生，即全生命周期管理。与此同时，企业也注意到产品的销售或利润随着市场和技术的不断发展，需要一种更具建设性、由不同产品和技术来满足的产品生命周期在实践探索中应运而生，即全生命周期管理。全生命周期是一种基于交易理念和理论的以市场为基础的资源配置系统，它更强调顾客（个人、私有或公有企业）有某种特定的需求希望能够得到满足，在不同的时段会有不同的产品来满足这些需求，同时，技术的发展和人口统计特征的演变等因素的影响，任何产品都应该作为满足特定需要或解决问题的特定方式而存在的。

通过对产品整体概念、产品生命周期理论的理解，以便更有针对性地提出第二节中的产品策略。

【教学目标】

1. 通过本案例学习，了解产品生命周期相关理论及其新的实践。

2. 深刻理解产品生命周期的全过程管理，以及“互联网 +”模式下的产品全生命周期管理的趋势。

【案例正文】

中国通信业发展 30 余年来，取得了全球瞩目的成就，其中，华为公司不断推进技术进步使其成为行业的佼佼者。华为技术有限公司创立于 1987 年，是一家全球领先的 ICT（信息与通信）基础设施和智能终端提供商，是全球最大的电信网络解决方案提供商，全球第二大电信基站设备供应商，其倡导“构建万物互联的智能世界”。华为的主要营业范围之一是交换、传输、无线和数据通信类电信产品，在电信领域为世界各地的客户提供网络设备、服务行业解决方案，其利用自身在 IPD、CMM 方面的管理优势和产品开发的后发优势，在产品的系统设计、扩展能力以及业务特性等方面满足宽带城域网络和企业网络的需求，为客户提供更加高效、安全、易于扩展的解决方案，并采用基于共享器件软件系统的开发设计方法，全部数据通信产品采用统一的 VRP 通用操作平台，保持持续的 ASIC 系列芯片的开发投入，不断推出性价比更高的解决方案与产品。简言之，就是为各领域提供所需的工业软件。工业软件作为软件行业的重要分支，涉及设计、仿真、制造、运维等产品全生命周期的各个阶段。

一、产品全生命周期及其管理

产品全生命周期管理（product lifecycle management，PLM）是指产品从需求、规划、设计、生产、经销、运行、使用、维修保养、直到回收再利用处置的全生命周期中的信息与过程。它既是一门技术，又是一种制造的理念。它支持并行设计、敏捷制造、协同设计和制造，网络化制造等先进的设计制造技术。产品生命周期包含需求收集、概念确定、产品设计、产品上市和产品市场生命周期管理。因此，近现代很多优秀的企业在基于产品管理概念的基础上把产品生命周期概括为：产品战略、产品市场、产品需求、产品规划、产品开发、产品上市、产品市场生命周期管理 7 个部分。这就被称为产品全生命周期管理。

二、华为产品的服务路径

（一）面对企业市场的服务路径

1. 注重研发创新

华为从1998年开始历时五年逐步建立与持续改善了集成产品开发流程管理模式，是成就华为今天在技术创新方面全球优势的重要源泉。华为将销售收入的10%以上投入研发，在近17万华为员工中，超过45%的员工从事创新、研究与开发。华为在170多个标准组织和开源组织中担任核心职位，并在许多国家和地区设立了16个研究所。

2. 整体解决方案

华为在工业、教育、智慧城市、通信等领域提供云计算与数据中心、企业网络、企业无线、统一通信与协作等整体解决方案。

3. 数字化服务

华为实施ROADS体验驱动运营商数字化转型战略，以用户为中心，推出实时（real-time）、按需（on-demand）、全在线（all-online）、自助（diy）、社交化（social）等数字化服务。

（二）面对消费者市场的服务路径

1. 产品全生命周期管理

华为个人业务服务模式包括产品咨询、极致体验、预约服务、寄修服务、维修配件、驻场服务、云服务、环保回收、以旧换新、信息增值服务。

2. 建立开放式创新平台

在五年内投入10亿美元实施“沃土开发者使能计划”，打造面向开发者伙伴的开发使能平台和联合创新。面向消费者市场，开放云侧和端侧软硬件能力，为15万移动应用开发者提供开发、测试、推广等系列服务。

三、华为WLAN全生命周期管理思维

当今，“互联网+”极大地提升了社会创新力与发展力，“互联网+产品生命周期管理”作为一种新的复合创新思维模式不仅仅体现在产品“硬”创新与“软”创新的层面上，还在很大程度上体现产品生命周期管理在设计、市场与营销等方面的创新优化与集成。“互联网+”模式最本质的特征是开放联通，也是行业发展、融合共通最重要的着力点。开放连通所体现出的最大特点就是信息的开放与共享，这种信息的开放与共享使原本不对称的信息、错位的需求开始融接起来。例如华为基于“互联网+”模式的开放连通，有效解决了由于信息不对称和信息断层所造成的供需信息分离的状况，通

过跨行业协同的信息平台的架构，需求用户可以通过平台发布相关需求，而华为则通过平台获取用户需求信息并及时定位解决用户需求问题，真正实现了信息的及时对称，大大提高了产品生命周期管理的效率。从市场的角度来讲，基于信息的开放与共享还创造了一种潜在的线上市场，体现出了“互联网+”模式的优秀创新力。

（一）“互联网+”背景下的产品生命周期

华为的WLAN网络规划工具，是对无线设备实施统一规划、部署、验收、日常维护和优化的一款非常实用的工具软件。据测算，应用这款工具可以让整体WLAN的建网周期缩短30%，后期网络运行维护问题减少20%。通过华为WLAN全生命周期管理方案，在规划阶段，可实现无盲区覆盖，并使建网效率提升30%；在部署阶段，可实现快速部署，使业务发放效率提升91%；在验收阶段，可提供高质量验收保障，实现提前规避80%关键问题；而对于用户关注的日常维护，通过eSight一体化管理，可有效降低运维成本；更重要的是，它还能满足各种优化场景，全面改善用户体验。显然，通过产品全生命周期管理，可以实现对产品整个开发过程中持续的质量监控和改进，提高产品质量，使新产品能更快投放市场，更快响应客户需求，缩短新产品上市周期，降低产品直接成本，以及与开发有关的间接成本（包括人力成本和其他间接成本）。依靠PLM平台保障企业技术研发管理的有序化和规范化，建立并固化研发的管理体系。PLM的主要管理内容是产品信息，唯拥有具有竞争能力的产品，才能让企业获得更多的用户和更大的市场占有率，所以针对制造业的信息化过程应该以用户的“产品”为中心，把重点放在为用户建立一个既能支持产品开发、生产和维护的全过程，同时又能持续不断地提升创新能力的产品信息管理平台上。PLM解决方案把产品放在一切活动的核心位置，PLM可以从ERP、CRM以及SCM系统中提取相关的信息，从而允许用户在企业的整个网络中共同进行概念设计、产品设计、产品生产以及产品维护。PLM解决方案为产品全生命周期的每一个阶段都提供了数字化工具，同时还提供信息协同平台，将这些数字化工具集成使用。此外，还可以使这些数字化工具与企业的其他系统相配合，把PDM与其他系统集成和整合成一个大系统，以协调产品研发、制造、销售及售后服务的全过程，缩短产品的研发周期、促进产品的柔性制造、全面提升企业产品的市场竞争能力。PLM系统完全支持在整个数字化产品价值链中构思、评估、开发、管理和支持产品，把企业中多个未连通的产品信息孤岛集成为一个数字记录系统。PLM打破了限制产品设计者、产品制造者、销售者和使用者之间进行沟通的技术桎梏，通过互联网进行协作，PLM可以让企业在产品的设计创新上突飞猛进，同时缩短开发周期、提高生产效率、降低产品成本。具体实例如下：

（1）客户介绍：天津臻云科技发展有限公司（简称“臻云科技”）是一家平台型公司和园区运营公司。在天津市武清区西北部京津高村科技创新园开发和运营“中国（天津）信息服务产业园”。该产业园以IDC和云计算为主导产业，是集信息枢纽中心、信息服务业先进科技展示、企业孵化、专业人才培训、商务服务为一体的多功能复合型科技园区。

（2）业务挑战：根据市场定位和租户要求，要快速部署、尽快业务上线；要平衡投资成本和运营成本，PUE 值要处于业界领先水平；根据用户特点，数据中心必须安全可靠，满足高可靠等级建设标准。

（3）解决方案：华为针对臻云科技的要求，提供了专业的数据中心机房咨询、设计、实施、测试、运维使能和后期维保端到端的集成服务解决方案；并基于数字化、网络化、智能化技术，分别从可靠、高效、简单三个层面提出了模块化数据中心解决方案，使得臻云科技数据中心设计标准遵循高可靠、高安全、高品质、绿色的建设理念。

在要求快速部署，节能增效的前提下，华为采用微模块数据中心解决方案，工厂预安装、预调试，节省 30% 以上的部署时间；同时，模块化的构架可以实现后期 IT 设备容量和密度的灵活扩容，轻松应对业务挑战。由此，华为在两个月内完成 36 个微模块，四个月内完成 92 个微模块，共 2918 个机柜的快速部署，实现了业务的快速上线，并且后期还可灵活扩容。

在高可靠性方面，该数据中心按照 Tier3 + 机房标准建设，配电采用“2N”型配置，制冷为“N + 1”型配置，机房关键负载为“2N”型配置，满足国际 T3 + 标准。而针对臻云科技对供电系统的安全可靠性要求，华为提供多达 48 台大功率模块化 UPS 作为 IT 设备和重要辅助设备的高质量后备电源，华为模块化 UPS5000 – E 采用了目前最先进的拓扑结构及全模块化设计，可以实现 99.999% 高可用性；同时，模块化设计支持各个模块在线热插拔，使得设备维护时间锐减，大大降低了业务中断的风险。

在绿色节能方面，臻云科技应用了行级空调、密闭通道技术及高效模块化 UPS，使整个数据中心的 PUE 低于 1.38。一方面，行级空调与机柜并排安装，近端制冷，有效地解决了机房局部热点的问题，并且制冷更加精确，减少了能耗；另一方面，让冷热空气隔离，有效提高了空调的制冷效率，从而降低了 PUE，并大大降低了运营成本。

（4）客户收益：快速交付，实现超大规模数据中心最快 4 个月上市；高效运营，实现高效运维和绿色节能，PUE 值低至 1.38；安全可靠，高可靠方案和产品保障，打造 Tier3 + 高可靠机房环境。

（二）思维突破：从管理体系到服务全过程

无论是提供一项服务还是生产一件完美的产品可能会涉及数千甚至数百万项决策。不论是重大决策还是细微决策，都会影响产品质量。庞大的企业中的任何个人在任何时候制定的决策都可能影响产品的成败。除此之外，产品复杂性所带来的影响也不容忽视。随着技术的复杂程度不断增加，电子和软件组件已与机械零部件发挥着同样重要的作用。然而，组件之间的接口却经常被忽略，直到开发环节的后期才引起关注。此时，需要找出最佳实践和方法，并且无论从事哪项业务，在将新产品推向市场时，还必须考虑法规要求、环境影响、成本和质量。在市场竞争日益激烈的今天，越来越多的制造商都意识到，一流产品不仅是成功的源泉，而且是持久成功的基础。目前来看，产品在完成交付后，基本上由各功能部门自行运作，没有实现产品价值的最大化，从产品上市到退市时间段内的活动，都是以被动响应为主，各部门之间的工作衔接也以问题触发式为主，协调工作困难重重，产品迟迟无法有效退出，或市场多种版本管理处于混乱状态，客户满意度不断下降等，因此，强调产品创新、加强产品开发的科学管理引起了人们的充分重视，也促进了产品生命周期管理思想的推广应用。特别是随着 PLM 正在迅速从一个竞争优势转变为竞争的必需品，未来中国制造业必须进行全生命周期管理，发展自己的工业技术平台，拥有自己的品牌，建立自己的工业技术体系，否则将可能沦为全球制造业的执行系统。随着工业革命快速发展，软件行业的产品和服务正在逼近硬件行业，逐步成为制造业新的主战场，一场瓜分世界软件市场的争夺战已经打响。据 Markets and Markets 预计到 2025 年，全球工业互联网平台市场规模将会达到 199 亿美元左右。华为在这场变革中也深深地认识到，在高速增长下尤其是在“互联网 +”时代，公司所秉持的“市场为导向”和“研发为核心”的双核驱动的管理体系，需要实现智能制造和持续有效的协同，其核心就是工业软件，以此保障公司整体把握市场和应对市场的能力。由此，华为技术有限公司成为践行“整体方案解决提供商 + 产品全生命周期管理”的典型代表。具体而言，就是在数字化、智能化、开放化下推动“互联网 +”的服务型制造，以客户需求为中心，制造企业不仅提供产品，还要提供以产品为载体的服务。智慧服务全过程的具体实例如下：

（1）客户背景：上海申通地铁集团有限公司（简称上海地铁）负责上海轨道交通建设与运营，截至 2019 年 12 月，上海地铁运营线路 17 条（含磁浮线），线路总长度为 705 公里，车站 416 座，运营线网规模位居世界第一，日均客流约 1 100 万次，分担城市公众交通总客流 63.4%。

（2）客户挑战：既有 COCC 系统由于建成时间较早，线网运营规模较小，实现功能、技术手段等都具有时代的局限性。2007 年 5 月上海申通集团将恒通大厦上海地铁运营公司线路总值班室升级改造成 COCC（线网指挥中心），解决当时路网层面的整体监控与协调指挥需求。首先，容量规模只适应轨道交通基本网络。线路之间的关联性相对较低，因此其职能定位、实现功能、系统规模等都凸显不足。其次，在轨道交通网络化运营的应用场景下，专业骨干力量调动、抢修人员和物资调动、信息不对称、指令多元化等原因，致使应急联动与指挥能力薄弱。最后，运营策划、运营安全保障、运营监管指挥、运营异常事件处置、运营信息发布等方面都提出了日新月异的网络化运营管理需求。

（3）解决方案：FusionCloud 是物理分散、逻辑统一、业务驱动、云管协同、业务感知的数据中心解决方案，可支持企业或机构业务的持续发展，能满足对业务全生命周期的管理。城轨云是基于华为 FusionCloud 私有云解决方案的行业化应用，依托行业探索城轨业务云化实践，建设面向未来的线网信息化平台。第一，在网络层，方案为生产网域与管理网域分别设计两张相对独立的网络，采用防火墙进行严格的安全管控；第二，在云平台层，方案为生产网域与管理网域分别规划不同 VDC，保证业务资源池安全隔离，同时针对生产 VDC，再次根据不同业务系统规划 VPC，防止业务系统间的非授权访问。

（4）客户收益：上海申通集团对现有 COCC 功能进行升级改造后，新建涵盖路网 COCC（ETC）、7 个网络化业务子中心和 21 条线路 OCC 的 C3 调度指挥大楼。基于云计算构建多线路多系统线网级信息平台，实现应用、信息交换、数据管理统一。

①数据统一仓储，信息有效整合，支撑基于客流调度、预测性维护等业务趋势。

②资源集中，提升资源利用率 & 运维效率，降低 Opex。

③严格参照三级等保要求建设，为 C3 平台提供全方位的云安全防护，让业主更聚焦信息化系统建设；提升客户资源利用率，高达 50% ~70%，投资可控。

④统一运维管理平台，业务部署自动化，设备状态智能分析，简化管理，实现敏捷运营，节省人力成本 30% 以上。

【案例评析】

一个产品的核心产品不仅是产品实物本身，还有很多以这个产品为载体的增值服务。华为践行了将制造与服务协同发展，由传统的产品生产商转变为基于“产品组合 + 全生命周期服务”的方案解决商，更实现了从产品制造到全生命周期管理的价值创造。归纳来说，华为公司在践行产品全生命周期管理中的几个核心思想为：把产品开发纳入产品生命周期管理中、基于市场驱动的产品研发、快速高效地推出产品和在设计中构筑质量和成本优势。

【案例讨论】

1. 对于企业而言，实施产品全生命周期管理的重要意义是什么？
2. “互联网 +”模式下，产品设计如何实现产品全生命周期管理？
3. 华为是如何挖掘不同消费市场的核心利益，实现产品全生命周期管理的？
4. 创新对于产品全生命周期管理有何重要作用？

【资料来源】

1. 王方良、李立全：《产品设计再创新：从传统到“互联网 +”》，载于《艺术百家》2017 年第 5 期。
2. 陈明、梁乃明：《智能制造之路：数字化工厂》，机械工业出版社 2016 年版。
3. 华为公司网站：https：//www. huawei. com/cn/。
4. 天津臻云科技发展有限公司网站：http：//china - isp. cn/。
5. 上海地铁网站：http：//www. shmetro. com/。
6. 吴健安、聂元昆：《市场营销学（第六版）》，高等教育出版社 2017 年版。

第二节　农夫山泉：忠于诚品的产品策略

【相关理论】

在现代市场营销学中，产品概念具有极其宽广的外延和丰富的内涵。产品一般是指通过交换提供给市场的，能满足消费者某一需要和欲望的任何有形物品和无形服务。有形物品包括产品实体及其品质、款式、特色、品牌和包装等；无形服务包括可以给消费者带来的心理满足感、信任感、健康愉悦感，各种售后支持和服务保证等。

【教学目标】

1. 通过本案例学习，了解产品的整体概念和产品组合。
2. 掌握影响企业品牌树立的因素。
3. 认识产品对企业的作用。

【案例正文】

农夫山泉股份有限公司是中国饮料20强之一，专注于研发、推广饮用天然水、果蔬汁饮料、特殊用途饮料和茶饮料等各类软饮料。公司在八大优质水源地进行规模化生产，通过遍布全国的营销网络，将其产品分销至全国各地。农夫山泉坚持“天然、健康”的产品理念，不使用城市自来水生产瓶装饮用水，不在饮用水中添加任何人工矿物质，坚持水源地建厂、水源地灌装，确保产品的生产过程都在水源地完成，确保所有农夫山泉都是天然的弱碱性水。除“农夫山泉”品牌之外，公司还先后创立了“农夫果园”“尖叫”“水溶C100”“力量帝”“东方树叶”等品牌，均获得了消费者的认同。

一、农夫山泉的产品创新

农夫山泉股份有限公司是一家中国大陆的饮用水生产企业，成立于1996年9月26日，原名为“浙江千岛湖养生堂饮用水有限公司”，所在地为杭州，是养生堂旗下的控股公司。1997年4月起第一个工厂开机生产，生产“农夫山泉”瓶装水，并推出“农夫山泉有点甜”“我给孩子喝的水！”等广告语，因“农夫山泉有点甜”的广告语闻名于全国各地。1998年，农夫山泉股份有限公司赞助世界杯足球赛，用广告语“喝农夫山泉，看98世界杯”搭上了世界杯的“快车”，农夫山泉迅速成为饮用水行业的一匹黑马，深入人心。2000年被授予“中国奥委会合作伙伴”荣誉称号和“北京2008年奥运会申办委员会热心赞助商”荣誉称号。2003年9月农夫山泉天然水被国家质检总局评为“中国名牌”产品。2002年农夫山泉天然水的总产量达61万吨，居全国饮料企业产量第四位。此后，农夫山泉的产值不断递增，每年上一个台阶。2003年起公司推出

“农夫果园”系列混合果蔬汁饮料，2004年起推出“尖叫”系列功能饮料，2008年起，公司推出“水溶C100”柠檬汁饮料，2010年起公司推出“力量帝维他命水”饮料，2011年起公司推出“东方树叶”无糖茶饮料，2013年起公司又推出“打奶茶”系列饮料。

二、忠于诚品的营销理念

（一）质量战略

农夫山泉坚持纯天然理念，从不使用一滴城市自来水。农夫山泉目前拥有四个主要水源基地：浙江千岛湖、南水北调基地湖北丹江口、广东万绿湖，以及吉林省靖宇县的长白山，前三者均为地表水库水水源，第四个为天然矿泉水水源。

（二）产品理念

农夫山泉在营销实践中积极实践企业的产品理念：

1. 环保理念

农夫山泉从不使用城市自来水，每一滴农夫山泉都有其源头。农夫山泉认为，只有好的天然水源才能生产出优质的瓶装饮用水。含有天然矿物元素的饮用水，最符合人体需求，目前任何人工水都难以比拟。

2. 天然理念

农夫山泉坚持水源地建厂，水源地生产。每一瓶农夫山泉都清晰标注水源地，确保消费者的知情权。农夫山泉坚持在远离都市的深山密林中建立生产基地，全部生产过程在水源地完成。使消费者喝到的每一瓶农夫山泉，都经过了漫长的运输线路，从大自然远道而来。农夫山泉的“我们不生产水，我们只是大自然的搬运工”的广告语，再一次传达了品牌的核心价值诉求，将农夫山泉塑造成为了一位“大自然优质天然水的搬运工”的形象。借助着自然搬运工这一形象，农夫山泉巧妙地将弱碱性的水与源自大自然的天然好水融为一体，打造出了“天然的弱碱性水”这一概念，体现出农夫山泉从消费者的需求出发和对水的高质量追求。

3. 健康理念

农夫山泉只生产天然弱碱性的健康饮用水，坚决反对在水中添加任何人工矿物质。世界卫生组织《饮用水水质准则》表明，不论饮食结构丰富与否，人体必须从饮用水中摄取一定比例的矿物质和微量元素。因此，农夫山泉认为，饮用水中应该含有人体所需的全面、均衡、天然的矿物元素，并反对在水中添加任何人工矿物质。农夫山泉坚持不加任何人工矿物质，同时又强调其矿泉水具备了人体所需矿物质，与上述天然理念相结合，打造健康天然矿物质水，天然健康又具备矿物质，巧妙击中当代越来越注重健康的消费者的消费心理，第三维度树立了一种“健康+”的形象。

农夫山泉的天然水产品是来自千岛湖、丹江口、万绿湖水库等，只经简单过滤，不改变水的本质，保有水源天然特征指标，依照中国《饮料通则》的定义，属于“其他天然饮用水”，目前尚未有国家标准，因此产品的质量系依照企业标准或当地的地方标准来保障，由于来自天然水源保护区，因此水源的保护非常重要，农夫山泉公司与当地政府都签订了水源保护协议，保证工厂不会造成水源的二次污染，也配合国家政策积极从事水源保护工作，以免水质不稳定造成产品发生质量问题。

总之，农夫山泉在其环保、天然、健康的产品理念的指导下为市场提供诚品，以博得消费者信赖。随着市场的扩大，目前农夫山泉在这四个天然水源保护基地上也生产一般饮料，包括农夫果园，农夫茶园，尖叫运动饮料，水溶 C100 等产品，不断扩大其产品组合。

三、借力特色营销扩大品牌影响

（一）开展体育营销

农夫山泉一直以来都与体育有着很深的渊源，除了常规的行销主题传播外，赞助体育比赛也是农夫山泉的重要行销举措之一，1998 年赞助法国世界杯，1999 年赞助第 45 届世界乒乓球锦标赛，2000 年赞助悉尼奥运会中国体育代表团，这些公益赞助活动对提升农夫山泉的品牌影响力都起到了很大的作用。2008 年，农夫山泉赞助中国申奥代表团，成为中国奥委会指定“荣誉赞助商”，这一重大举措成就了农夫山泉开展体育营销的整体战略性布局。申奥成功对于赞助商的意义自然非同寻常，具有深远的战略意义；即使申奥失败，在申奥的过程中也赚足了眼球，赢得了社会上的多数认同，对于申奥失败的负面影响自然不会转嫁到赞助商身上，因此，做赞助的营销行为是一个几乎没有风险的决策。

农夫山泉赞助申奥只是整体体育营销策略的开始，关键是其能利用好赞助 2008 年申奥这一重大事件，挖掘出鲜明的营销主题。在这方面，农夫山泉彰显了其高超的营销艺术。最让人们称道的是“一分钱一个心愿，一分钱一份力量”的广告运作；申奥成功后，2008 年阳光工程正式启动等活动，可以发现，农夫山泉已经将自己和奥运会紧紧地联系在一起，适时运作加上对媒体的成功运用使农夫山泉成为申奥最大的赢家。

（二）践行责任营销

农夫山泉积极承担社会责任，掀起“责任营销”的巨浪。2001 年 1 月农夫山泉推出“一分钱”的电视广告，宣布从 2001 年 1 月 1 日开始到 7 月 31 日为止，农夫山泉每销售一瓶天然水都提取 1 分钱，捐献给中国奥委会，用来支持中国 2008 年申奥行动。随着孔令辉和刘旋那亲切的笑脸频繁地出现在电视媒体上，农夫山泉支持申奥的主张和独特的方式逐渐深入人心，随着申奥日期的日益临近，申奥气氛日益升温，农夫山泉也不知不觉成为瓶装水市场上的热点。应该说，农夫山泉的“一分钱”活动营销艺术高超，企业不以个体的名义支持申奥，而是代表消费者的利益和主张来支持北京申奥，这是一个全新的思路，既不容易看出企业支持申奥背后的商业意味，又可以以支持北京申奥的巨大影响赢得消费者的认同和响应，从而促进农夫山泉的销售。为了配合整体的行销，农夫山泉的包装更换成了申奥主题包装。

首先，奥运主题是一个很好的行销题材，在瓶装水销售的旺季直接借助支持申奥可以赢得最多的注意力和公众好感，借助申奥打价格战则显得自然和顺理成章；借助申奥题材推出的活动用企业行为带动社会行为，以个体力量拉动整体力量，以商业性推动公益性，是经济效益和社会效益的最佳结合；随着北京申奥的成功，农夫山泉的体育战略具有了可持续性和延展性，2001～2008 年的 7 年间，农夫山泉无疑将成为北京主办奥运过程中，企业的最大受益者，农夫山泉可以与北京主办奥运会过程中每一个动作保持最紧密的联系，从而产生最多的关注。

农夫山泉将每一年度的捐助款用于购买同等价值的体育器械捐献给全国范围内贫困地区的中小学校。据统计，农夫山泉开展的全国范围筹款，赢得了来自千万双手的点滴凝聚，让更多的人能够参与其中，比之于企业直接的捐赠，其数倍的乘数效应并非企业简单捐款能够得到的。这种举动获得成功的根本原因是企业既要承担社会责任，还要体现一种营销的思想，可以说是利用社会公众的良心来推销企业和产品，实现社会和企业的双赢。符合营销学中倡导的社会营销观念。

四、与诚品匹配的差异化广告创意

20 世纪 90 年代的市场上，饮用水广告的声音尤为响亮。娃哈哈、乐百氏纯净水经过了 1996 年、1997 年的广告大战，产品已经在消费者心目中建立起比较稳固的地位，品牌认知度很高，销售渠道已经非常成熟，网络的广度和深度都非一般区域性品牌可比。1999 年，娃哈哈纯净水又推出了由歌星毛宁和陈明演绎的“心中只有你”的广告片，依然走明星和音乐路线；乐百氏纯净水继续强化 27 层过滤的独特销售主张，市场份额进一步巩固。这时的饮用水市场可谓竞争白热化。

1998 年 4 月在中央电视台出现了一支纯净水的广告，引起了消费者的广泛关注，这就是农夫山泉。在这支表现农夫山泉独特瓶型结构和饮用方式的广告中，农夫山泉提出了“农夫山泉有点甜”的独特诉求。在创意的表现形式上，采用带有悬念性的故事情节型手法，把农夫山泉独特的饮用方式淋漓尽致地表现出来，而且还提出“农夫山泉有点甜”的独特销售主张。产品还没有上市，广告已经把农夫山泉的名字传遍全国，而“农夫山泉有点甜”的广告语也成为消费者谈论的话题。应该说，农夫山泉的这一版广告作为农夫山泉系列电视广告的旗舰，在短时间内就使农夫山泉的品牌知名度从零一下子达到了几乎童叟皆知的程度。细分析其成功的原因，最根本之处在于处处体现了差异化的特点，从农夫山泉个性化的名称，到通过拉动瓶盖饮水的喝水方式，再到“有点甜”的侧翼型诉求，农夫山泉做到了不同于其他饮用水的独特形象；另外，农夫山泉的媒介投放也是大手笔投入，在全国性媒体和地方媒体密集投放广告，短时间内强化和确立了农夫山独特的销售主张和形象。

农夫山泉避开明星效应和对水质的诉求，而是出其不意，采用感性和理性结合的方式，提出“有点儿甜”的独特销售主张，这在当时的确是一个非常新颖的策略，使消费者耳目一新，把消费者的注意力从水的质感引导到水的口味上，同时这句广告传播语还为后续的传播奠定了很好的基础，使“有点甜”的内涵随着传播内容的演化而不断深化、升华，不仅仅是简单表象上的口味有点甜，其实还是水质的上乘的体现。

1999 年，农夫山泉继续差异化的行销传播战略，只不过传播主题逐渐从“农夫山泉有点甜”逐步转化为“好水喝出健康来”，更加突出了水质，同时也佐证了农夫山泉之所以甘甜的本质原因。1999 年的广告从诉求角度看，农夫山泉开始相对弱化上市初期“有点甜”的概念，而是更侧重于诉求水源——千岛湖的源头活水，通过各种创意表现形式，使消费者认识到农夫山泉使用的是千岛湖地下的源头活水，是真正的“健康水”。另外从农夫山泉的专题片中我们也看到了农夫山泉现代化的生产线和可靠的质量。作为一个后势品牌，农夫山泉凭借雄厚的资金实力和灵活多变的广告宣传形式，终于稳稳地坐上全国瓶装水市场占有率第三的位置。2000 年的市场变化给农夫山泉带来了巨大的压力，因为，随着娃哈哈和乐百氏与法国达能的合资，在资金和管理方面实力进一步增强。在这种形势下，农夫山泉采取了极端的行销策略，广告一经推出就引起市场的巨大波澜。在农夫山泉的最新版本的广告中，利用植物生长的对比实验来体现天然水的营养丰富，最后农夫山泉宣布停止生产纯净水。这个广告在媒体上一播出就引起强烈的震动，不但其他纯净水生产商大为不满，而且媒体也是连篇累牍的报道、追踪，一时间成为热门话题。其实，农夫山泉只是宣布自己停止生产纯净水，但潜台词却是请其他厂商也停止生产纯净水，乃至整个行业都停止生产。对于农夫山泉的做法，炒作也好，挑战也好，宣传的效应是达成，农夫山泉成为 2000 年瓶装水市场上最引人注目的焦点。一直以来，农夫山泉都强调天然水的产品概念以区别于纯净水，1999 年的专题片就强调被污染的水无论怎样净化都不可能恢复到最纯净的地步，就像白色的衣服弄脏以后，无论如何清洗都不可能恢复到原来的白色的程度一样；除此，农夫山泉还常常在全国的报纸媒体上发布软性的科普教育文章，介绍天然水的优点，暗暗抵制纯净水；农夫山泉认为纯净水几乎不含任何物质，对人体健康并无好处，而含有矿物质和微量元素的天然水对生命成长有明显的促进作用。源于一系列的市场引导，消费者悄悄站到了农夫山泉的一边，诚品策略深入消费者之心。

总之，农夫山泉在饮用水市场上用诚品和一系列的市场营销活动俘获了消费者的信赖，取得了令人瞩目的品牌影响和市场业绩。

【案例评析】

产品是企业营销活动的载体，拥有得到消费者认同的产品是企业在竞争中获胜的有力武器，农夫山泉坚持纯天然理念，以诚品制胜，它的“我们不生产水，我们只是大自然的搬运工”的广告语，传播了其品牌的核心价值诉求，借助自然搬运工这一形象，农夫山泉巧妙地将其产品与源自大自然的天然好水融为一体。公司声明农夫山泉坚持不加任何人工矿物质，与上述天然理念相吻合，打造健康天然矿物质水，巧妙击中当代越来越注重健康的消费者的消费心理，体现出农夫山泉从消费者的需求出发和对水的高质量追求。农夫山泉通过赞助体育赛事和申奥活动，用企业行为带动社会行为，以个体力量拉动整体力量，以商业性活动推动公益性活动，为企业诚品获得了良好的声誉与影响，取得了较好的经济效益和社会效益。

【案例讨论】

1. 分析农夫山泉在营销中如何诠释了产品整体概念的含义。
2. 产品组合有哪几种主要策略？
3. 分析农夫山泉成功的广告创意具备了哪些特点。
4. 请为农夫山泉设计一个新产品开发策略。

【参考文献】

1. 张映辉：《恒大冰泉与农夫山泉营销策略分析》，载于《经济纵横》2015 年第 31 期。

2. 王玉平：《农夫山泉的市场定位策略》，载于《商业研究》2014 年第 20 期。

3. 汪小琴、金秀玲：《农夫山泉品牌营销策略》，载于《现代商业》2016 年第 1 期。

4. 艾·里斯、张云：《“大咖”跨界卖水，不得不说的秘密》，载于《销售与市场（管理版）》2016 年第 1 期。

5. 吴健安、聂元昆：《市场营销学（第六版）》，高等教育出版社 2017 年版。

第八章　价 格 策 略

价格影响企业收入与利润，是企业基本决策之一。企业需要作为产品制定适当的价格，并根据营销环境的变化及时调整定价。价格策略包括定价策略、价格调整策略。企业需要根据影响价格的因素，做出有效的决策。

第一节　褚橙：高溢价的“大众产品”

【相关理论】

产品定价影响消费者购买决策、影响产品销售额、利润，也会影响市场其他产品的价格策略。价格策略需要考虑价格影响因素，使用适宜定价策略，并根据市场环境灵活调整价格。

【教学目标】

1. 通过本案例学习，理解产品定价的影响因素。
2. 认识企业价格策略重要意义，掌握企业的价格调整及其应对策略。

【案例正文】

一、褚橙的由来及其发展

褚橙是云南褚氏农业有限公司（简称“褚氏农业”）旗下主要产品品牌。2003 年开始种植，2012 年成为我国知名农产品品牌，2017 年，褚橙产值将近 3 亿元。每年 11 月份左右，褚橙完成采果上市，2019 年成品率为 50% ~60%，年产 4 万吨，根据官方公布的信息，2019 年褚橙上市 1 个月已售罄。

我国脐橙市场上，常见的脐橙价格大约只需要 5 元/斤，褚橙的价格从 2009 年 7 元/斤持续上涨，目前大约在 15 元/斤。褚橙的销售渠道也由线下渠道实体经销店和加盟店、超市转变为线上销售渠道。2012 年以前，褚橙主要通过公司在云南及周边建立实体店，包括经销店和加盟店销售产品。在云南地区以外，褚橙没有选择传统批发市场渠道和超市销售产品。原因主要在于当时没有形成品牌知名度，消费者难以接受较高的产品价格。褚橙没有选择沃尔玛等超市渠道原因主要有三点：第一，初期规模不够，难以进入沃尔玛采购体系；第二，超市进场费高，物流成本高，回款慢，三个月结款周期难以支付果农工资；第三，褚橙未得到超市消费者认可，在超市渠道中无法实现优质优价。

随着互联网销售渠道的发展，2012 年，褚橙选择“本来生活网”网络平台销售产品。2013 年公司正式成立云南实建电子商务有限公司，专门负责电商业务。褚橙按照果实直径将产品分为 M、L、XL 三档，每箱 5 公斤，价格由低到高分别为 118 元、128 元、148 元。虽然价格并不低，却依然受到消费者欢迎。2015 年褚橙在天猫开设旗舰店，拓宽销售渠道。

二、褚橙的高价策略

渠道结构与渠道成员的权利格局，决定产品的定价权。褚橙的定价，是在农产品品牌化、渠道变革的背景下的高溢价的撇脂定价策略。也就是说，一方面通过提高渠道效率，降低渠道成本；另一方面，按照产品特性，采用适宜的定价策略，以获取较高利润。

（一）把握消费者的心理溢价

当前我国橙产业中，国外进口橙产品定价最高。例如，澳大利亚橙产品新奇士（Sunkist）售价约 35 元/斤，大约是褚橙价格的 1 倍。我国国产橙产品中比褚橙更有特色、价格更高的橙子也还有很多，如赣南脐橙（血橙）、资中塔罗科血橙、秭归血橙等，零食折扣价格与褚橙基本相同。褚橙销售价格处于我国橙产品中等偏高水平。公司把握了优质农产品的消费心理，做出了高溢价的定价，先树立产品价值，再采用折扣促销驱动销量。按照褚橙最大的折扣零售价，比市场上的传统优质甜橙高 30% ~50%。

（二）与渠道成员互惠互利

2015 年褚橙的最高售价是 33.6 元/公斤，是同期普通冰糖橙售价的 2 倍左右。褚橙公司果农人均月收入也显著提高，一些果农甚至因为收入颇丰舍不得退休。优质优价，褚橙公司才能保证中间商有足够利润空间，公司和中间商之间激励相容、互惠互利，形成相对稳定的利益共同体。

在果园建设初期，公司将场址选择在生态环境很好的国家级自然保护区，哀牢山自然保护区新平县境内的红河干热河谷地带，按照旱能灌涝能排标准建设果园。褚橙生产中，公司对农田标准化管理，对果农工厂化管理，依照现代企业制度发展规模农业和标准农业。有很多细节可以佐证标准化管理和工厂化管理的严格。严格管理的结果是将褚橙打造成标准品和好产品，在褚橙种植土地上，每一棵果树的树体管理差距极小，统一的技术实施标准使得褚橙口味近乎一致。

三、高价策略的困境

企业的发展并不是一帆风顺，2015 年，褚氏农业也遭遇了发展的瓶颈。一些消费者认为褚橙存在性价比较低、物流配送服务缺失等问题。

（一）褚橙与经销商摩擦不断

对于天猫上消费者的差评，褚氏农业一方面认为与销售量相比，网络平台上的差评并不能真实反映消费者的满意度。另一方面，褚氏农业认为消费者的满意度与经销商密不可分。部分经销商为了获得更多利润，将褚橙留至过年时销售，但是由于生鲜水果难以储存、易腐坏，消费者收到产品后发现褚橙新鲜程度较低，认为褚橙质量存在问题。因此，经销商与褚氏农业的也产生了一定的摩擦。

（二）“假冒”产品围追堵截

从褚橙获得消费者认可开始，打击假冒伪劣产品就成为褚氏农业的重要任务。与褚橙注册商品名“云冠”近似的“王冠”“新冠”等名字和包装陆续出现在了市场，就像“康帅博”与康师傅一样，不仔细辨别很难察觉。甚至原本集中在每年 11 月到次年 1 月上市的褚橙，竟然出现在了春夏两季的鲜果市场。

2012～2014 年，褚氏农业对每个橙子采用了喷墨防伪技术，在每个橙子上喷上可食用墨打印出的编码，这些编码消费者可以打电话向公司询问，也可以向经销商咨询辨别真伪，但是这套防伪技术未能起到作用，在 2014 年被放弃。2019 年，通过褚氏农业官网输入防伪码可以查询产品真伪，采用“一箱一码”技术，为每箱产品提供身份证明。消费者购买产品后，刮开二维码图层，通过手机微信扫一扫关注褚氏农业官方微信号即可查询。

（三）竞争环境困难重重

褚橙面临的竞争环境日益复杂。首先，从世界柑橘类产品来看，从 2000 年至 2020 年，与苹果等大宗水果相比，世界甜橙产业发展相对较慢。同时，近几年，消费者的消费需求呈现多样化趋势，柑橘的另一大类宽皮柑橘由于其品种丰富、果皮宽松容易剥等特点，越来越受到消费者的欢迎，柠檬和葡萄柚等产品市场份额也逐年增加。其次，从我国市场来看，在褚橙发展的同时，越来越多的同类产品竞争对手也发展较快，我国陆续涌现出了非常多的优质橙产区，并形成了多个家喻户晓的区域公共品牌，如“赣南脐橙”“奉节脐橙”“秭归脐橙”等，这些对褚橙的发展造成了一定的威胁。特别是，由于采摘期的限制，褚橙只能在一年的特定时期销售，对于企业的成长造成了一定的影响。为此，2019 年，褚氏农业推出“云冠橙”冰糖橙，以应对日益复杂的竞争环境。同时，2020 年 5 月，在褚橙、云冠橙不能上市的时间，褚氏农业严选产品，在其淘宝旗舰店推出产自菲律宾的佳农贵族凤梨、佳农厄瓜多尔进口香蕉。

褚氏农业在确定褚橙未来发展方向时需要思考整个公司未来的角色，如应考虑是否需要调整战略，确定是橙产品专业生产商，还是严选高品质果类供应商，抑或采取多元化道路。

【案例评析】

产品定价与其他营销策略息息相关，并且与企业营销战略密不可分。农业是关乎国计民生的重要产业，互联网的出现使得农产品易于缩短产业链、传播优秀的农产品品牌。但是，消费者面对橙子这种高溢价“大众产品”时很少表现出足够的忠诚，因此，品牌农产品要想保持优质优价策略，需要精心布局，为提升产品品质不懈努力。

【案例讨论】

1. 褚橙选择制定“高溢价”的原因有哪些？

2. 影响产品定价的因素有哪些？

3. 分析企业进行价格调整的原因。

4. 你认为农产品采用高价格定价策略，需要具备哪些条件。

【参考文献】

1. 葛继红、周曙东、王文昊：《互联网时代农产品运销再造——来自“褚橙”的例证》，载于《农业经济问题》2016 年第 10 期，第 51 ~ 59 页。

2. 王晓易：《品牌农业发展的制约》，网易新闻，2016 年 8 月 22 日，http：//news. 163. com/16/0822/12/BV2RG6G100014AED. html#。

3. 云南褚氏农业有限公司简介，http：//www. chusorange. com/chushiny/bk. 20349614. html。

4. 吴健安、聂元昆：《市场营销学（第六版）》，高等教育出版社 2017 年版。

第二节　苹果手机：撇脂定价的困境

【相关理论】

定价策略是企业在综合考虑价格策略的多种因素的基础上，确定的定价方针。包括折扣定价策略、地区定价策略、心理定价策略、差别定价策略、新产品定价策略产品组合定价策略。当营销环境发生变化时，企业需要及时调整定价策略。

【教学目标】

1. 通过本案例学习，理解并掌握影响定价的主要因素。

2. 掌握企业产品的定价策略。
3. 理解企业产品定价的基本方法。
4. 理解企业价格管理措施。

【案例正文】

价格是市场营销组合的一个重要因素。产品价格的高低，直接决定着企业的收益水平，也影响到产品在国际市场上的竞争力。价格是营销组合中唯一能够直接创造收益的因素，也是营销组合中最灵活的因素之一。定价和价格调整是许多营销人员面临的问题。

iPhone 是苹果公司旗下研发的智能手机系列，它搭载苹果公司研发的 ios 手机作业系统。第一代 iPhone 于 2007 年 6 月 29 日正式发售。2007 年以来消费者对苹果的追捧愈演愈烈，陆续推出了 iPhone 8 和 iPhone 8 Plus、iPhone X、iPhone11、iPhone12 等系列产品。根据市场数据研究机构 Counterpoint 数据，2021 年 10 月，苹果超越 vivo，成为中国最大的智能手机厂商。

一、苹果手机的“撇脂定价”

苹果手机定价偏高，采用撇脂定价策略，一般定价都在 5 000 元及 6 000 元以上。每代新产品一问世前，就已在广大消费者心理激起了无限的好奇与期待，而当新产品一出现在市场，其价格也是相当的高，以至于让很多的消费者望而却步。然而，尽管其价格相对较高，但并没有因此而影响其销售，反而更加坚固了“苹果”在消费者心中的高端形象，迅速在市场上畅销，同时也吸引来了越来越多的“苹果粉丝”“苹果迷”，给苹果带来了更多的忠实顾客。

2007 年 6 月 27 日，iPhone 手机正式发售，苹果的 iPhone 手机是一款使用触摸屏控制技术，支持音乐、视频播放，配备了 200 万像素摄像头，可以浏览互联网，运行 Mac OSX 电脑操作系统的智能手机。iPhone 手机有两款，一款内置了 4GB 的内存，另一款则有 8GB 的容量，显然，iPhone 手机也具备了 iPod 的全部功能，“智能 + 音乐”构成了 iPhone 的最大卖点。尽管之前有纯触摸屏手机在市面上销售，但是因为其操作需要的学习成本高，没有得到大众认可。苹果 iPhone 的两款手机定价分别为 499 美元和 599 美元，明显高于市场上同类智能手机。而在功能和具体应用上却没有太大的特色。索尼爱立信中国公司副总裁宁述勇认为，苹果推出的手机并不会对索爱产生多大影响，“手机的核心功能还是手机，这方面索爱有着无可比拟的优势”。

随后 iPhone 3G 和 iPhone 4 发售，分别标志着 App Store 和软硬件的成熟。为了保证 iPhone 的创新性与细节，苹果公司投入了大量时间和金钱，在 iPhone 刚进入市场时，将手机的价格定很高。苹果之前的产品帮助他们积累了一批“果粉”，作为粉丝，他们的需求缺乏弹性，即使手机的价格很高，市场需求也不会大量减少。强势品牌手机厂商因产品品牌积淀，在市场上有极强竞争力，且所处市场区间的竞争相对缓和，厂家常通过高定价方式，维持产品较长的生命周期及较高的利润水平。仅在其新替代产品上市后，为给后续产品腾出市场空间，才对产品价格进行调整，快速进行清尾。苹果因其产品机型较少、市场接受度高，就采用了这种定价策略。

以苹果 iPhone 4S 为例，自 2011 年 10 月 14 日上市、2012 年 1 月 13 日进入中国市场以来，一直维持 5 288 元（16G 版）高价进行销售，直至 2013 年 9 月 11 日苹果公司发布 iPhone 5 新品，苹果公司宣布停售 16G、32G、64G 版 4S，才以 3 288 元开售 8G 版 4S，并通过提供渠道库存价保费用的形式，帮助渠道快速清理原有库存产品。

2014 年 10 月 10 日零时，苹果中国在线商店正式开启 iPhone 6/6 Plus 预售，iPhone 6 售价：16GB 5 288 元人民币、64GB 6 088 元人民币、128GB 6 888 元人民币。到 2018 年苹果在京东商城官方旗舰店上架了全新 32GB 版 iPhone 6，售价 1 999 元，提供深空灰和金色两款配色可选，取消了当年上市之初的银色。

二、苹果手机“高价”的质疑

近年来苹果公司的新机型定价日益走高，从 649 美元到 699 美元再到 749 美元一路攀升，iPhone X 更是首次将基准价定在 1 000 美元，超出以往基准价。应该说，苹果手机的定位整体是成功的，但近年来一味追求利润的高定价，也给它带来种种负面影响。

（一）定价过高使得市场需求被压抑

作为差异化非常明显的手机品牌，苹果具有一定的市场势力，因此它不像多数国产手机厂商那样是市场价格的接受者。它可以根据自己的意愿确定产品定价，从中获取最大的利益。但目前看来，苹果近年来定价逐步攀升，特别是 iPhone X 突破了 1 000 美元，使得其用户群体的基数下降。很多消费者在高昂的定价面前，只好退而求其次，选择没有最新黑科技，但性价比更合理的 iPhone 8/8 Plus 系列。

（二）为竞争对手创造了提价空间

由于苹果手机定价不断上调，这就为三星、华为等手机品牌提供了向上走的市场空间。近年来华为等产品均进入 4 000 元以上市场，与原来苹果传统基准定价 650 美元的用户群体相重合。而三星 S9 在国内的售价突破了 1 000 美元大关，达到了 6 999 元，但与 iPhone X 的 8 388 元起步价相比，它们仍有较大的性价比优势。苹果的高定价策略，客观上帮助其他对手撑起了越来越高的价格空间，而它们利用这个机会开始蚕食苹果的市场份额。

（三）打乱价格体系，损害品牌形象

iPhone X 成为了苹果上市后最早开始价格松动的新机型。尽管官网价格仍然保持，

但在经销商处却随处可见“直降”的广告。比如在京东商城的日常销售中，64G 的 iPhone X 就推出了直降 689 元的优惠，相当于价格下调到了 7 699 元。苹果的价格控制能力极强，这种现象在以前是不可想象的事，因为这么做难免会损害苹果品牌的形象。或许，在整体销量不佳的情况下，苹果默许甚至支持了经销商降价促销的做法，毕竟作为品牌想获取更大的利益还是得靠销售规模来实现。

长期以来，苹果智能手机的定价一直保持着物料成本占比 35% 左右的机械计算方式。也就是说，只要物料成本上涨，新机型的定价就会自动按比例上浮。在美国，苹果手机作为中端商品的定位正在消失，走向高端商品。而在中国，苹果手机的定价攀升则让它从高端手机走向了近乎奢侈商品。苹果手机占据着绝大部分的全球智能手机市场总利润，甚至一度达到 80% 以上。而不断快速上涨的定价，正在过度挤压消费者剩余的空间，同时也为苹果创造着更多的生产者剩余即利润。

过度追求利润定价负面作用也在逐渐显现，市场增长乏力甚至下降、用户口碑形象下降等，以至于苹果尽量缩小用户的换机周期。但如果不从根本上改变以前机械定价的做法，更加尊重市场和用户，苹果很难规避这些负面影响。

三、苹果手机：未来定价的选择

（一）加速降价，抢占中低端市场

苹果 2017 年推出了价格更高的 iPhone X，该款手机被称为史上最昂贵的 iPhone，看起来苹果似乎正在希望提升 iPhone 的售价，而 iPhone X 的上市确实也提升了 iPhone 的均价。然而事实上是 2017 年旧款 iPhone 较往年进行了更大幅度的降价。iPhone 8、iPhone 8 plus 上市后由于创新不足以及用户更期待 iPhone X 等原因，在上市一个多月后即被渠道降价了超过 1 000 元人民币，成为史上降价幅度最大、速度最快的 iPhone，受 iPhone 8 降价的影响其旧款 iPhone 的降价幅度更大，如今部分零售商对 iPhone 6s plus 的售价更低至 3 000 元人民币左右，较其官方定价低了超过 1 000 元人民币。

苹果一直以来都通过将旧款 iPhone 降价销售的方式占据低端中低端市场，只不过 2017 年以来旧款 iPhone 的降价幅度较往年更大，而且在售的旧款 iPhone 款式更多，这似乎显示出它正在努力提高中低端智能手机的市场占有率。

苹果去年推出史上最昂贵的 iPhone X 在销量方面未能达到预期，这似乎已让它信心动摇，据称 2018 年对 OLED 面板的采购量在 5 500 万元左右，远低于 2017 年对 OLED 面板的 8 000 万预订量，与此同时苹果正计划推出的 iPhone X 后续廉价版本，希望以低价赢取出货量。当然低价并不代表利润低，iPhone X 后续廉价版将采用传统的 TFT－LCD 面板以降低成本，确保苹果的利润。

苹果有意推出廉价 iPhone 和销售价格更低的旧款 iPhone 与他希望赢得出货量的增长有关，这几年 iPhone 的销量止步不前，2017 年业界曾认为在拥有诸多创新科技的

iPhone X 引领下其出货量可望达到 2.3 亿台，然而 IDC 的数据显示 2017 年 iPhone 的出货量只有 2.16 亿台，同比仅增长 2.4%，这被认为是 iPhone X 的过高定价抑制了用户的购买欲望，在这样的情况下注重业绩的 CEO 库克确实是有可能推出更廉价的 iPhone 的，而此前库克领导下的苹果就曾推出了 iPhone 5C、iPhone SE 等多款廉价 iPhone。

（二）应对竞争，新款产品下调价格

中国手机企业原来是主要靠价格战赢取销量，不过近几年来它们正逐渐摆脱廉价低端的形象，在高端手机市场上频频发力希望与苹果竞争。中国手机品牌持续提升价格与他们希望提升利润率有关，中国手机品牌的整体销量已超过苹果和三星的销量，然而即使是他们当中利润最好的华为、OPPO、VIVO 合计取得的利润也只有苹果几分之一，显然继续在中低端市场只会继续目前这种有量却不赚钱的局面，冲击高端市场就成为它们的选项。华为是中国手机品牌当中最杰出的代表，徕卡拍摄、海思麒麟芯片等成为他的竞争优势。OPPO、VIVO 主要在中端手机市场占据优势，不过他们也已不囿于这个市场，近期 OPPO 将发布旗舰手机 FindX，有分析认为其定价将在 4 000 元人民币左右。

值得关注的是，当下国产手机品牌当中发展最为迅猛的小米，2017 年以来依靠低端红米品牌在全球市场再度崛起，在海外市场的出货量翻倍增长，不过小米已不甘心仅靠低端手机赢取销量，其发布的小米 MIX 系列冲破了 3 000 元价格段，并引发了全球手机的全面屏风潮，而中低端的红米品牌也持续涨价。

最新的消息称，苹果有意将 LCD 版 iPhone 新机型定价为 799 美元，相比 iPhone X 下调了 200 美元，显示苹果已经意识到过高定价的问题，希望这是他纠正之前策略失误的新开端。iPhone X 起售价为 8 388 元，iPhone X 之前的苹果机起售价也在 4 000 元以上，而 3 500 元左右的定价目前在国内相比其他安卓旗舰机也有很大的竞争力。不少业内人士猜测，苹果这款低价新机上市一年后，将会贡献所有 iPhone 的一半销量。目前全球智能手机市场增长速度并不乐观，加上用户对于手机升级换代的频率已逐渐缩减，消费者对高价手机的兴趣不高，加上替代品并非没有，尽管以往苹果都在走高价高端路线，但为了抢占市场，“降低身价”未免不是一件好事。

【案例评析】

科学的定价策略、有效的价格管理不仅有利于企业的利润获取、持续经营、规模扩大，也有利于整个产业的健康发展。本案例中，苹果因其产品机型较少、市场接受度高，是市场领先品牌，故通过撇脂定价法，在新产品上市时制定高价格，维持产品较长的生命周期及较高的利润水平。仅在其新替代产品上市后，为给后续产品腾出市场空间，才对产品价格进行调整。苹果手机的撇脂定价策略，为其提供了高额的利润。但是，随着竞争对手的冲击、消费者购买力的变化等因素的影响，苹果手机撇脂定价受到了挑战。在未来，苹果手机除了继续降低旧款价格、降低新品售价以争取更多出货量的应对方式以外，能否推出让消费者满意的新产品，是其继续采用“撇脂定价”的关键。

总之，适合的就是最好的。中国手机市场容量巨大、市场参与者众多，在充分市场竞争环境下，市场无形的手将给广大消费者带来更加丰富的产品、更加优异的使用体验，手机在价格上也必然会面向不同层次的消费者，提供不同的选择。最终市场的赢家，将是结合市场发展态势，找准自身定位、找到适合的营销模式，并切实进行贯彻落实的经营者。

【案例讨论】

1. 你认为影响苹果手机定价的因素有哪些。
2. 苹果手机定价策略的主要优点有哪些。
3. 在新的市场环境下，分析苹果手机的撇脂定价策略应该如何应对挑战。
4. 在未来的市场竞争中，苹果手机应如何进行价格调整策略。

【参考文献】

1. 秦星宇：《基于顾客导向定价的苹果手机定价策略研究》，载于《商业研究》2017 年第 4 期。
2. 程鹏：《苹果手机亮相高昂定价引发质疑》，载于《南方日报》2007 年 1 月 11 日。
3. 吴健安、聂元昆：《市场营销学（第六版）》，高等教育出版社 2017 年版。

第九章　分 销 策 略

营销渠道也称为销售渠道，是指促使产品或服务顺利地被使用或消费的一整套相互依存的组织。它的主体是一个个独立的组织，它们只是因为共同的利益而组织在一起，这意味着渠道中的各个组织的立场是不同的，追求的利益也各有不同，因此渠道间冲突是常态。在市场经济条件下，生产者与消费者之间存在时间、地点、数量、品种、信息、产品估价和所有权等多方面的差异和矛盾。营销渠道克服了生产者与消费者之间的这种矛盾，从而使得全球各个国家、各个城市的几十亿消费者可以购买到自己所需要的各种产品和服务，实现价值转移。

第一节　屈臣氏的全渠道营销

【相关理论】

在目前的市场发展阶段与行业竞争的条件下，构建长期渠道关系尤为重要。因此，全渠道营销应运而生。全渠道营销使得企业不再拘泥于传统的渠道模式，而是利用网络、手机、直销目录等多种媒介，以精准定位、建立大数据库、评估与锁定价值型客户、了解客户接触点及偏好、整合多种营销手段、发展与客户频繁且长期的关系等方式，提供给消费者在任何时间、任何地点、任何方式购买的无差别需求满足体验。当然，全渠道营销并不意味着要利用世界上的每个社交网络，而需要更多关注消费者花费大部分时间的地方。需要根据大数据分析消费者的兴趣、偏好、在线行为，受众特征和其他相关统计信息，仔细选择适合的平台。

【教学目标】

1. 通过本案例学习，了解全渠道营销产生的背景、原因。
2. 认识零售业态的变革的重要意义，掌握分销渠道创新设计的基本思路与策略。

【案例正文】

一、屈臣氏渠道变革的背景

（一）屈臣氏简介

屈臣氏集团于1841年在香港地区创立，现已发展成全球知名的国际保健美容零售商，在12个欧亚市场经营超过7 200家店铺，在中国内地470个城市拥有3 900家门店和逾6 500万名会员，通过领先的CRM客户关系管理系统，为客户提供线上线下大数据优选精品。其店内产品由进口品牌、本土品牌、自有产品组成，前者主打中低端定位，后者则是主要的利润保障，且其“个人护理”的概念更是深得人心。

1989年，中国内地首家屈臣氏个人护理店在北京开业，它被视为内地保健及美容产品零售业的起点。当时“个人护理”的概念为屈臣氏所独有，在市场上几乎没有竞争者。相当长一段时间内，屈臣氏都是品牌商推新品、消费者认识新产品的优选渠道。以美即面膜为例，2005年，其与屈臣氏达成合作，开始在屈臣氏销售。4年后，美即面膜在中国面膜市场的渗透率迅速扩张至15%。据统计，2013年美即面膜在屈臣氏渠道的零售额为4.675亿元，占美即面膜整体销售额的70%。一叶子直到现在还在屈臣氏有很高销量，根据2017年4月中旬屈臣氏公布的2017年一季度销售情况，一叶子以1.67亿元的成绩成为该季度屈臣氏的销量冠军。

靠独家代理商品和自有品牌商品，屈臣氏一度树立了自己的竞争壁垒。从2009年屈臣氏上架自有品牌商品开始，后者就一直是其重点发展的品类。据《第一财经周刊》报道，屈臣氏的自有商品数量超过2 000款，占屈臣氏中国业绩的20%。去年屈臣氏的综合利润为22%，其中贡献最大的是自有品牌销售，其25%的扣点率和成本价格差能加大利润空间。不得不说，精准的受众定位，及独特的产品结构，使得屈臣氏在过去十几年里创下百亿的业绩。

（二）新零售时代来临

刚进入内地市场时，屈臣氏代表着国际零售店的时尚标杆，时至今日，它在时尚感和专业度上，已经无法满足消费者的需求。现如今，中国化妆品行业已经进入电商时代，掀起新零售模式的浪潮。年轻人消费方式发生了改变，过去那种依附于商圈人流、跑马圈地的发展模式变得难以为继，变革成了屈臣氏面前一道绕不过的坎。而在这段时间里，屈臣氏仍在走扩张门店之路，甚至不惜颠覆沿用多年经典店面形象的背后，是业绩承压下，这家老牌零售企业试图消解外界对其或将就此落伍担忧的尝试，以及想要重新赢回消费者的急切心情，却也白白错过电商发展的黄金时期。

事实上，屈臣氏业绩下滑其背后反映的则是整个零售业态的变化。在新零售概念提出后，不仅是线上电商需要和线下实体进行融合，更关键的还是传统零售业如何转型。

作为国内保健及美妆行业的零售巨头屈臣氏如今也在不断研究新零售道路，这几年变化其实很大，这或许能给迷茫中的零售业带来了一些新的启示。

二、屈臣氏渠道问诊

（一）从产品诊断渠道

让屈臣氏失去吸引力的，还有其一直引以为傲的自有品牌优势的削减。从产品本身看，除早年推出的燕窝、骨胶原系列产品，屈臣氏后期再没有成功推出过新的自有品牌“爆款”。而屈臣氏根据每月热销产品复制自有品牌产品的做法也招致了品牌商的不满。如果研发能力不能提升，屈臣氏自有品牌前景堪忧。消费升级，一方面使得消费者眼界大开，有机会接触到更多全球市场上的好产品，也愿意为心仪的产品花更多钱；另一方面全球品牌也在积极寻求进入中国的机会。这让售卖大众品牌产品为主的屈臣氏在很大程度上失去了“升级”的机会。

（二）从消费行为诊断渠道

由于信息技术的推动，消费者行为已经呈现全渠道趋势。首先，消费者获知“全渠道”。随处可见的广告刺激着消费者的视觉，琳琅满目的商品呈现在消费者眼前，顾客的选择也变得多元化。以往传统的实体店，只提供给顾客一种直接感知商品、挑选商品的途径，而如今消费者了解商品的方式层出不穷，从原来的亲身体验发展为电视广告、网络广告、手机短信、微信公众号推送等方式；其次，消费者需求“全渠道”。21 世纪，顾客的消费已经不仅仅局限于基本的生活需求，而是寻求个性化的消费。例如生日礼物，过去一个生日卡片或者一束花是大众的普遍选择，而如今无论商店还是网店都推出 DIY 生日礼物或者特别定制的生日礼物以满足消费者的需求，还有一些企业现在还能为顾客提供参与商品设计与生产的机会。顾客需求的“全渠道”，提升了对企业和商家要求，商家在对商品的展示与说明时就要更加具有吸引力和说服力，否则顾客会因为对商品所掌握的信息量过少或可信度过低而放弃选择；最后，消费者选择的“全渠道”。过去形容消费者的选择行为为“货比三家”，但是现在货比三家已经不能让消费者果断做出选择了。消费者不但要在众多品牌中选择出所要购买商品所属的品牌，还要选择产品的型号、规格、款式、功能，甚至选择购买方式是实体店购买还是网上购买、配送方式是线上支付还是货到付款都是消费者购买商品时所要考虑的因素。消费者选择方式的多元化，促使企业制定相应的战略以聚集消费者的目光赢得消费者的信任，这种战略最终演变为全渠道销售。

（三）从业绩诊断渠道

2016 年，屈臣氏在内地新增 446 家新店，门店总数达到 2929 家，当门店变得随处可见，消费者走进屈臣氏的欲望却在不断减弱，业绩增速却首次出现了负增长。2013～2016年，屈臣氏中国内地市场业绩增幅一路从23%、14%、9%跌到了-3.82%。屈臣氏正被笼罩在业绩下滑的阴霾中。其实，随着电商发展、海淘兴起，以内容驱动的电商导购平台被接纳，越来越多的品牌商选择在线上做新品首发，年轻消费者对网购的热衷，也让他们对线上优质渠道的投入力度越来越大，随之而来的，是对屈臣氏依赖度的降低。这意味着在屈臣氏大举开店的三、四线城市，欧美品牌用线上渠道瓜分了高端产品用户，而中低端产品消费者，也可能因为化妆品制造商拓展线上渠道和区域性小品牌兴起，选择屈臣氏之外的购物渠道。与此同时，三、四线城市的线下渠道里，屈臣氏也是对手林立。除了老对手万宁，它还会遭遇包括娇兰佳人、植物医生等本土美妆连锁店的拦截。后者在采取加盟模式快速扩张的同时，也凭借更灵活的销售策略从屈臣氏手里抢走了部分顾客。长期以本土品牌和平价自有商品为主打，拉低了屈臣氏的定位。造成消费者更愿意在定位相对高端、上新速度快、购物体验更好的丝芙兰购买化妆品，或者转战线上购物平台。品牌商也很少会把中高端产品放到屈臣氏售卖。2013年，巴黎欧莱雅通过屈臣氏渠道的销售6亿元，占其中国区整体销售额1/10左右。但涉及中高端产品，欧莱雅的投放名单上没有屈臣氏，一位欧莱雅集团内部人士告诉界面新闻记者，“中高端产品不会放在屈臣氏销售。”

三、屈臣氏开启全渠道策略

（一）线上线下相融合，服务一体化渠道

新时代下的消费者消费习惯的改变，推动着传统零售的与时俱进。我国已经有近12亿民众活跃在互联网上，线上的活动已经成为今日中国民众生活的非常重要的一部分，这扩大了媒体的边界，也让消费者能无差别地利用媒体，以推动更多高品质的消费升级与对产品本身带来价值的一种审视态度的转变。与此同时，互联网信息化的环境扩展了消费者对生活的想象力，必然培养了消费者独特消费意愿的习惯，它会要求供给者满足其个体的独特需求，并且愿意为实现这种个体需求支付更高的价格，或者说今日互联网时代不仅仅是所消费的商品更贵、质量更高，更是因为商品能更好地满足消费者个体化的需求，从而通过信息的透明丰富和智能彻底改变用户认知和购买行为基础上，实现更高的个体效用。显然，没有线上和线下的融合，就谈不上新零售。

为了走向消费升级与个性化消费相结合的新途径，屈臣氏开始依托掌上商城、官网商城、天猫、京东以及亚马逊旗舰店等平台开拓网上商务，颠覆传统的经营理念与方法，实现线上线下一体化。与此同时，屈臣氏借助新兴的各大支付平台，如支付宝、微信支付等，实现支付无障碍，让消费者拥有便捷潮流的购物途径以及无障碍有保障的购物体验。

例如，屈臣氏专门为年轻人的美妆喜好打造了“莴笋”美妆问答式购物app。该

app 以满足年轻人的喜爱为标准，集设计、购物、交流为一体，实现美妆的年轻化、即时化和潮流化。平台签约多位专业美妆达人，将线上的试用测评、个性化推荐与线下的引流有机结合。这其实就是屈臣氏将自身线下的优势平移到线上一个最好的例证。

更重要的是，消费者在消费中实际也会对美妆产品进行重塑，影响产品的设计和表现形态，同时打破线下购物边界，为消费者提供多元的购物消费体验。另外，屈臣氏推出的“门店自提”和“闪电送”的版块功能，提供了同城配送的物流服务，将线上购物与线下实体店及物流配送紧密结合。通过这些布局，屈臣氏构建出了一站式的购物体验，整合各种营销渠道，打造全渠道营销生态。

（二）对用户开放渠道，完成消费场景重构

传统零售时代，物质极大丰富后，“场”占据了核心位置，唯有争取到商场的黄金位置，品牌才能在商品的汪洋大海中脱颖而出；但在新零售时代，以“人”为本，终于得到了落实，而消费者需要在个性化的场景中进行消费。基于此，屈臣氏一改过去门店的标准化模式，开始强调差异化和个性化。屈臣氏在全国 480 多个城市拥有超过 3 900 家门店，活跃会员数量高达 6 500 多万，社交媒体粉丝则超过 6 600 万。面对这一巨大的存量，屈臣氏通过社交裂变来扩大用户流量池，并尝试打开“去中心化”营销，以完成消费场景动态重构。例如，在疫情期间，屈臣氏成功举办 38 云派对活动，其结合疫情居家、全面复工在即的多个场景，鼓舞用户积极对抗疫情的同时，为用户提供沉浸式体验和互动，并为社群提供高质量的直播内容转换。38 小时的直播共计收获了 167 万的观看量，并最终帮助屈臣氏云店销售额实现新高。

（三）重新定位用户群，提升用户关系管理

屈臣氏能够在过去十几年成为长盛不衰的美妆连锁实体店，很大程度上得益于屈臣氏对用户群的清晰定位。从一开始，屈臣氏就针对的是 80 后消费群体，并用一致的消费体验来吸引他们购买。为此，屈臣氏建立起了一套行之有效的会员 CRM 体系。例如，2015 年 8 月屈臣氏和腾讯合作推出国内最完善的微信手机版会员卡，成为第一家推出微信多功能会员卡包服务的大型零售连锁企业。点击屈臣氏微信手机版会员卡，消费者即可在微信平台上查询会员卡信息、消费及积分变动情况。会员卡线上线下通用，并且通过关注微信公众号或扫二维码等方式即可申请成为会员。每次消费后，积分变动情况会推送，信息透明直接；积分兑换累计无须带卡，可随时随地领取优惠，购物后还可参与抽奖领奖，让购物更便捷之余还充满惊喜。这不仅有利于固化既有的顾客关系，还有利于扩展新的消费人群。通过微信的一对一服务，有助于维持、强化长久、有效的品牌关系。

（四）加速数字化建设，为线下业务赋能

新零售更加注重消费者的体验，依托线上线下一体化平台获得大数据信息，然后将

大数据高效、精准、及时地反馈给生产企业，给消费者提供个性化的定制服务，更好地满足个性化、差异化、定制化需求。一直以来屈臣氏都坚持线上线下无缝结合的业务策略，进行全方位触及消费者并与其保持多元化互动，提升用户黏性，将传统门店服务延伸到线上，打造从推荐到选择到购买的清晰路径。如在疫情期间，线下消费被按下暂停键，伴随着“宅家无聊”产生的消费者喜好在线上发酵，屈臣氏利用第三方直播平台 + 企业微信群直播的方式，做了上百场关于春节、防护健康、情人节等消费者感兴趣的专题直播，尤其是它的38 云派对活动中，更是以直播嘉年华的形式强势聚流，打造了一条销售闭环：消费者添加导购企业微信，获取一对一专属美容顾问—用户数据标签化—导购通过用户标签为顾客提供个性化的咨询建议—顾客感兴趣并联系导购—引导至云店小程序完成下单—最快 1 小时闪送到家。可以看出，屈臣氏加速数字化布局建设势必成为其业务增长的新引擎，为线下门店、线上业务的顺利展开提供有力的保障。

（五）全渠道打通，线上线下一体化

新一代用户的崛起改变了传统零售的一切，消费升级推动了更多高品质和个性化需求的出现，信息的透明丰富和智能也彻底改变了用户认知和购买行为，但没有线上和线下的融合，就谈不上新零售。

为了迎合这种消费趋势，屈臣氏开始强势开拓电商平台，并先后完成了掌上商城，官网商城、天猫、京东以及亚马逊旗舰店的平台搭建，实现线上线下一体化。与此同时，屈臣氏还开通了各大电子支付渠道，如支付宝、微信支付等，实现支付无障碍。同时与微信强强联手，建立屈臣氏微信卡包服务，加强微信手机版会员卡的功能，让消费者拥有便捷潮流的购物途径。2017 年初，屈臣氏还正式上线了“莴笋”，定位为年轻人的美妆问答购物平台。这款 app 定位年轻化、潮流化，在功能、设计、交互等方面，均以当下年轻人的喜爱为标准。交互、设计方面，“莴笋”签约了许多专业的美妆达人，针对售卖商品进行试用测评，为不同肤质的消费者进行个性化推荐；功能方面，莴笋已实现全国范围内查找附近门店，将线上顾客引流到店铺。这其实就是屈臣氏将自身线下的优势平移到线上一个最好的例证。

更重要的是，莴笋 app 上线了“全球购”功能，这意味着，屈臣氏未来将可以真正实现，“买全球卖全球”，线上线下充分融合。通过这些布局，屈臣氏构建出了一站式的购物体验。与此同时，屈臣氏最新推出的“门店自提”和“闪电送”服务，打通了线上线下的配送服务。顾客如今可通过 app 线下单并到指定门店自提取货，或选择“闪电送”4 小时内送货到家。截至 2017 年 8 月 31 日，这种新体验已在全国 9 大城市上线，并计划于 10 月在全国 40 座城市上线。

（六）门店升级，完成消费场景重构

传统零售时代，物质极大丰富后，“场”占据了核心位置，唯有争取到商场的黄金位置，品牌才能在商品的汪洋大海中脱颖而出；但在新零售时代，以“人”为本，终

于得到了落实，而消费者需要在个性化的场景中进行消费。基于此，屈臣氏一改过去门店的标准化模式，开始强调差异化和个性化。2018 年 4 月，屈臣氏宣布实现“3 000 家门店”的目标，新门店的产品结构开始向潮流时尚化靠拢。在最新的潮流店里，屈臣氏推出了两项有趣服务，分别是“Style Me 来彩我”和“Skin Test 来试我”。前者借助 AR 技术推出的“虚拟试妆”；后者通过专业分析，为顾客分析皮肤状态并予以专业护肤指导。在店内则设有自助收银机，让顾客的自主性更强。

与此同时，屈臣氏还开始尝试对店铺进行分级，像上海等一线城市的店铺，会让出更多空间提供购物体验，满足不同消费者的需求。另外，屈臣氏的 BA 服务也发生了改变，消费者需要获得尊重感，所以他们不愿意再听 BA 推销，而是希望自己拿主意，希望在获取服务之前先征得许可。在这样的背景下，屈臣氏对 BA 服务进行了调整：减少品牌 BA 的介入，令 BA 专业化。高宏达认为，重视体验升级，吸引年轻一代重新回归屈臣氏，应该让专业性的服务替代导购型服务。“在全新潮流店里，我们增加了专业的皮肤护理专家及彩妆师，提升了顾客到店体验的满意度，做好专业的售前服务。”

（七）重新定位用户群，构建新会员体系

在很长时间里，屈臣氏的会员体系都是这家连锁品牌能脱颖而出的一个很关键因素，屈臣氏的会员卡不可以为消费者提供优惠和促销信息，还建立了一套完善的积分体系，而这也成为消费者复购的关键影响因素。

然而在新零售时代，会员体系作为连接消费者的最好的桥梁，企业必须重构与消费者之间的关系，实现由“经营商品”转向“经营顾客”。如今屈臣氏的会员体系也完成了进一步升级，不仅能积分换购，还能提供跨商家的合作，实现积分共享。会员通过微信线上的绑定，可以有实时的积分变动状态，领取优惠券，个性化卡面。在线上会员方面，屈臣氏在天猫也实现了会员通，消费者在大猫的屈臣氏店消费也可以累积屈臣氏积分和享受会员的权益。不过最关键的还是在于，屈臣氏开始借助新会员体系接触消费者更多的生活形态，比如，有些年轻人喜欢音乐，屈臣氏就会和一些音乐平台去合作。通过这些数据，屈臣氏得以对会员的生活形态进行画像，了解会员购买的产品，分析其消费行为，最终让精准营销成为现实。

（八）大数据驱动升级，加速产品更新换代

新零售更加注重消费者的体验，依托线上线下一体化平台获得大数据信息，然后将大数据高效、精准、及时地反馈给生产企业，给消费者提供个性化的定制服务，更好地满足个性化、差异化、定制化需求。如今实体零售的困局，表面上看是因为线下门店人流减少、电商冲击价格体系、租金上涨等痛点，但更深层的其实还是缺乏对上游供应链的控制、对下游消费者的触达以及全数字化运营的能力。而大数据正是桥接企业和消费者“对话”的有效工具。这个痛点对美妆行业来说同样存在，而屈臣氏正是利用大数

据的佼佼者。大数据的运用不仅帮助屈臣氏实现更懂消费者，充分了解什么样的产品更适合消费者，进而提升实体店的销售，还能反向加速产品的更新和创新。

【案例评析】

总之，在互联网时代的消费升级/消费降级的浪潮下，屈臣氏也是围绕着去除无效营销和体验，回归在“商品本质质量”之上。正是通过这些尝试，屈臣氏彻底改变了消费者对这家连锁企业的刻板印象，开始变得更为年轻化、时尚化和个性化。如今屈臣氏的商品不再是一成不变，而是不断跟随时尚潮流的变化而进行转变，满足消费者日渐多样化的消费升级需求。韩日产品、彩妆产品、美发产品、药妆护肤等领域都成了屈臣氏在护肤美妆领域的重点关注对象。

【案例讨论】

1. 对于企业而言，渠道变革是主动的还是被动的？为什么？
2. 消费行为的改变对屈臣氏渠道变革有怎样的影响？
3. 渠道设计通常应考虑哪些因素？本案例中屈臣氏是如何通过渠道创新进行产品更新升级的？
4. 屈臣氏全渠道营销的成功，给零售业带来了哪些启示？

【参考文献】

1. 魏亮、李瑞华：《全渠道销售：商业发展新趋势》，载于《北方经济》2017 年第 1 期。
2. 张晓昕：《企业微信营销策略研究——以屈臣氏为例》，载于《应用研究》2018 年第 13 期。
3. 屈臣氏官网：https：//www. watsons. com. cn/#/aboutus。
4. 《降低“黑天鹅事件”影响，屈臣氏加速数字化建设》，2020 年 3 月 24 日，https：//baijiahao. baidu. com/s？ id = 1662010899780046861&wfr = spider&for = pc。
5. 吴健安、聂元昆：《市场营销学（第六版）》，高等教育出版社 2017 年版。

第二节　正大生鲜：社区 O2O 运营策略

【相关理论】

促销策略是促销组合的结果。其中人员推销具有信息传递双向、推销目的双重、推销过程灵活、友谊协作长期的特点；广告是重要的促销工具，广告目标可分为告知目标、劝说目标和提示性目标；公共关系是创造“人和”的艺术，也是企业一种长期的活动；销售促进短期促销效果明显，但不可长期开展。因此，企业需要根据产品特点和营销目标，综合各种影响因素，对各种促销方式进行选择、编配和运用。

【教学目标】

1. 通过本案例学习，掌握企业渠道选择的依据，并了解生鲜企业的渠道模式。

2. 理解新零售对于零售行业发展的意义，并了解生鲜行业采取线上、线下相结合的社区O2O规划思路。

【案例正文】

生鲜电商是指用电商的手段在互联网上直接销售生鲜类产品，如新鲜果蔬、生鲜肉类等。有数据显示，水果和冷鲜肉的毛利在20%～30%，海鲜产品毛利超过50%，而3C家电等品类的毛利只有个位数，因此各大电商企业纷纷布局生鲜电商。市场需求方面，在碎片化时代，生活节奏的加快、上班族的增加，使得消费者对网购生鲜商品的需求迅速形成，而可支配收入的提高和对生活品质的追求，也逐渐打开了中高端生鲜消费的市场。

生鲜电商随着电商发展的大趋势而发展，2017年，中国生鲜电商市场交易规模约为1 391.3亿元，同比增长59.7%，诸多的电商平台已经开始建立起了属于自己的物流系统及供应链系统。阿里、京东、美团、腾讯等巨头整合了线下资源，创造了新的业态，如无人便利店、生鲜超市等。传统零售模式也逐渐开始转型，与互联网技术的融合，可以为消费者提供生活上的便利及提高生活质量，线上线下融合已经成为零售行业的主流趋势。

目前，中国国内市场份额较稳定的生鲜电商主要包括：淘宝、天猫、京东商城、1号店、亚马逊等综合型电商。同时，还包括我买网、顺丰优选、本来生活、甫田网、沱沱工社、优菜网、多利农庄、正大天地、易果网、依谷网等专门从事食品网络零售的垂直网站。

为了提高用户体验，很多生鲜电商纷纷自建物流系统，提高生鲜产品配送效率，促使消费者在线购买，通过上门送货及自提，快速将生鲜产品销售到消费者手中。很多生鲜电商已经实现了两小时内配送、甚至半小时配送的服务，这得益于商品拣货、打包、配送等都是依靠智能识别，大大提高了操作速度。使消费者的生鲜购买时间、精力成本大大下降，更多追求效率和生活品质的年轻消费者形成了生鲜电商购买的习惯。从企业角度来看，企业内部供应链管理很好的降低了成本、增加消费者黏性，构建完善的生鲜购物平台，这将会成为未来生鲜电商发展的方向。

一、正大集团发展现状

由华裔兄弟谢易初、谢少飞联手创办的知名跨国企业“正大集团”，总部坐落于泰国，在20多个国家和地区设有400多个子公司。目前，正大集团在中国投资额近60亿美元，设立企业213家，遍及除青海、西藏以外的所有省、自治区、直辖市，员工人数超过8万人，年销售额超过500亿元人民币。经过80多年的发展，正大集团形成了以农牧业、食品业、商业零售业为核心，制药、机车、房地产、国际贸易、金融、传媒等领域共同发展的业务格局。

正大集团从农作物种子的销售开始，逐步发展壮大，形成了由种子改良—种植业—饲料业—养殖业—农牧产品加工、食品销售、进出口贸易等组成的完整现代农牧产业链，成为世界现代农牧业产业化经营的典范。近30年来，在壮大优势产业和主导产业的同时，还积极涉足其他行业，如通信、石化、房地产、医药、零售、金融、机械和传媒等领域，成效卓著，跻身于东南亚规模最大和最具影响力的企业集团之列。

二、正大生鲜电商业务发展现状

正大集团的主要业务是水产养殖、饲料产品等，其中正大食品是正大集团旗下的一个食品品牌，包括鸡鸭猪等生鲜和熟食系列产品，正大集团正在加大对食品行业的投入。此前，正大食品的主要业务是生产和销售饲料产品及养殖，向下延伸至深加工产品后，正大食品开始发力电商，于2017年初成立了独立的电商公司，与第三方综合电商平台合作建立网上旗舰店，除天猫旗舰店外，还拓展了天猫超市、农村淘宝、零售通，本来生活、每日优鲜等电商销售渠道，并在线下开设了属于自己的“正大优鲜”便利店。基于此，正大食品提出要打造“世界的厨房”，做的是从源头生产到零售终端的全产业链。

目前，正大生鲜社区O2O订单主要采取自有App及第三方平台下单，由顾客到正大生鲜自营社区门店自取商品、第三方平台美团、饿了么配送，或者到“正大生鲜”社区便利店自取以及营业员送货上门的形式进行生鲜商品配送。

“正大优鲜”是正大集团电商渠道的主打品牌，主营自产的生鲜产品，如猪肉、鸡蛋、水产、红酒茶叶，还包括面点、香肠、面条、米饭套餐等现代食品，借助社区O2O解决生鲜的“最后一公里”问题。作为正大生鲜电商模式的基础，到目前为止，“正大优鲜”电商平台在上海、北京、成都、武汉、兰州、郑州等城市都设有线下门店，门店面积从100平方米到300平方米不等。门店主要销售生鲜、半成品和即食产品等，在微信商城均有销售，并提供门店2公里范围内配送服务。“正大优鲜”生鲜电商平台及生鲜便利店在国内的市场影响力快速提高。

三、正大生鲜社区O2O运营面临的困难

目前，正大生鲜已经快速开展了社区O2O的电商运营模式，完善自有App平台客户端“正大优鲜”，除进行商品自行配送外，还与第三方电商平台如美团、饿了么等合作，提高配送效率、降低成本。线下门店多数集中于高档社区，与目标受众契合度高，

辅助线上下单、微信预定、送货上门、到店自提等多样化购买形式，使正大生鲜电商渠道越来越得到消费者的认可。但受生鲜社区 O2O 处于起步期、自身不够完善等因素的限制，目前正大生鲜社区 O2O 渠道发展仍面临诸多困难。

（一）线上购买没有形成规模

作为生鲜 O2O 的基础，线上决定了消费者流量、消费者信息收集和吸引消费者的作用。目前，正大生鲜还没有形成线上购买的规模，很多消费者受技术、消费习惯等原因影响，对于生鲜 App 了解很少，不知道或不愿意通过电商购买生鲜产品。由于受消费者认知程度、线下门店不能及时配合线上购买、物流配送成本高等因素限制，正大生鲜电商渠道还没有形成规模。

（二）线下门店运营处于起步阶段

目前，“正大生鲜”门店的运营尚处于起步阶段，门店数量较少，覆盖的社区范围较小，与自有 App、第三方电商平台的配合不够深入。门店在商品摆放、品类设置、营业时间等方面，还不具备与农贸市场、周边连锁便利店、综合超市的生鲜专柜等竞争的优势。

（三）线上、线下配合不足

由于线上推广不足，大部分消费者没有形成线上订购正大生鲜产品的习惯，而线下门店运营也处于起步阶段。因此，线上、线下配合不畅，没有形成生鲜 O2O 线上下单、线下提货和体验的良好高效闭环。

（四）产品类型有限

“正人优鲜”作为社区生鲜便利店，它的宗旨是为社区住户提供优质、安全、新鲜、可追溯的餐厨食品，通过直接或免费加工的方式提供给周边居民的“放心厨房”。但受到不同城市经济发展和消费水平的影响，很多门店面积较小，商品种类少，无法满足消费者在线上订购的商品需求，不能充分发挥正大食品生鲜超市的资源优势。

（五）配送成本高、服务不够完善

目前“正大生鲜”社区 O2O 主要采取与第三方平台合作的方式进行配送，但配送成本高、冷链运输等问题限制了生鲜社区 O2O 的大规模发展。同时，随着便利店便民服务项目的增加，例如 24 小时营业、代收快递、公交卡充值、代收煤气水电费用等方面，使便利店与消费者黏性越来越高，生鲜社区店一般没有开展这些服务项目，使其较便利店竞争优势不足。

四、正大生鲜社区 O2O 渠道运营策略选择

生鲜社区 O2O 目的在于以消费者为中心，将线上与线下相融合，发挥各自优势，形成优势互补。

（一）完善线上自有平台

线上运营可以很好地弥补线下的缺点，利用自身的优点给消费者提供更为便捷的服务，短期内“正大生鲜”线上运营应主要依托自有 app 和微信群。

1. 优化自有 app 平台，提高线上订购效率

在“新零售”风潮的带动下，以阿里、腾讯和京东为首的互联网企业纷纷入局生鲜市场，除了线下的跑马圈地，以生鲜电商 app 为代表的线上入口也成了企业的必争之地。相关数据显示，截至 2018 年 7 月，生鲜电商 app 的行业渗透率为 3.44%，行业用户总规模达到 3 788 万，与去年同期上升了 99.6%。

正大生鲜已经拥有“正大优鲜”自有 app，作为线上消费者浏览、订购、下单的主要入口。为用户提供 O2O 生鲜食材选购平台，方便消费者选购最新鲜的生鲜商品。在此基础上，应不断完善自有 app 的功能，与正大集团旗下专业社区生鲜超市配高度合，提供新鲜、放心、健康的食品及食材，同时可以提供菜谱、一日三餐的膳食方案等配套信息，围绕消费者的餐厨提供更加全面、灵活的服务，提高消费者黏性。

目前，正大优鲜单笔消费满 39 元即可免费提供 1 小时“新鲜送达”服务，主要送货区域在门店周围 2 公里内，除了正大优鲜自身的微信商城，大部分门店还接入百度外卖、美团外卖等第三方 O2O 平台，提供配送服务。在 app 功能优化的过程中，应逐步实现不设定最低购物金额、全部免费配送，尽量降低顾客下单的门槛，并且将送达时间精确至半小时之内，实现快速送达。

同时要更高效利用 app 会员制度，将线下门店和线上销售的数据进行综合处理，深度挖掘消费者数据，寻找市场机会。数据不断沉淀后，反向导入平台体系，进而分析数据与数据之间的交叉点，收集分析消费者诉求信息，利用前端销售数据指导后端供应链系统，形成闭环后还可有效控制成本。

2. 利用微信平台强化与消费者的联系

短期内，“正大生鲜”店应主要采取门店 + 微信平台的销售模式，利用微信快速覆盖社区内主要目标人群，并借助微信建立与消费者之间的紧密联系，形成圈子营销。围绕线下门店辐射的社区、住宅、中小学、食堂、小型餐饮等客户，利用微信开展产品推广和促销活动。消费者可以到门店购买正大生鲜产品，也可以通过微信购买后，到社区门店提货或选择送货上门的形式，强化与社区门店覆盖的 1 ~ 3 公里范围内消费者的联系。

（1）微信群。

建立微信群，并分为社区下单微信群和社区会员维护群。

社区下单微信群：主要由社区内的普通消费者构成。在门店销售过程中，激励消费者添加微信，并在消费者开通微信后，给予一定的优惠、折扣奖励。

微信购买生鲜产品对于消费者具有较大的吸引力。首先，微信群内顾客都是社区内人员，很多消费者相互认识，在购物过程中相互讨论、评价、交流经验，提高消费者的信赖度；其次，微信选购生鲜产品使消费者的时间成本更低，可以利用碎片化的时间，在每天做饭之前将生鲜产品选好，方便快捷；再次，自提商品或送货上门给了消费者方便的生鲜购买体验；最后，通过微信群内积分设置，引导顾客添加身边的新顾客，从而扩大顾客范围。

会员维护群：会员卡作为一种有效的促销手段，顾客只需持一张会员卡，即可在下属的任何一家分店购物消费。企业根据情况设置不同的会员卡类型，享受不同的优惠政策。专门建立会员维护群，为会员提供更为周到的服务，通过分析会员的消费信息，制定出有针对性的促销措施。生鲜产品的消费频率很高，消费者需要可信赖的商家，简化自己的选购过程，因此，利用会员保持与消费者持续互动，可以有效加深记忆，促进消费。实现会员服务的全面信息化管理，有效控制所有会员资源，通过现有顾客群影响带动更多的消费群，发挥边际效应。

（2）微信公众号。

借助公众微信服务号，二次开发展示自己的微官网、微会员、微推送、微支付、微活动、微报名、微分享、微名片等，已经成为一种主流的线上线下微信互动营销方式。正大优鲜应充分发挥微信公众号的作用，适时推送最新产品、优惠打折、物流配送信息，或饮食文化、健康养生、节气饮食等内容。顾客的分类管理可以针对新、老顾客推送不同的信息，同时也方便回复新老顾客的提问。一旦这种人性化的贴心服务受到顾客的欢迎，触发顾客使用微信分享自己的消费体验进而形成口碑效应，可以有效提升正大生鲜产品的知名度和美誉度。

（二）完善线下社区 O2O 门店运营

正大生鲜社区 O2O 的选址应位于社区门口临街或社区商业中心街道的店面，与过街天桥、过街地下通道、公共汽车站、地铁站口、轻轨站口等人流量较大的公共交通设施相邻。门店覆盖区域与餐厅、咖啡店、酒吧、银行、冲印店、洗衣店、24 小时药店、茶艺馆、学校、邮局、社区文化体育中心、社区服务中心等集客力较强的品牌门店和公共场所相邻。

1. 主打正大优势产品

正大集团致力于发展“种养产销一体化”的现代化种植业、畜禽养殖业、屠宰加工和食品加工业，确保从农场到餐桌每一个环节全程绿色、安全、可追溯。借助正大生鲜自有资源优势，正大社区生鲜便利店的宗旨是为社区住户提供优质、安全、新鲜、可追溯的餐厨食品，通过直接或免费加工的方式提供给周边的居民的一个“放心厨房”。为了满足“放心厨房”的主旨，“正大生鲜”店应主打正大自身优势的产品，如猪肉类、鸡蛋、冷冻食品等，形成品牌、产品的突出竞争优势。

2. 以消费者体验提升为核心，弥补线上不足

（1）产品组合围绕消费者厨房消费需求。

线上消费者订单的消费需求，需要线下门店产品能够高度紧密配合。针对顾客的个性化需求，实现智能厨房。例如，顾客可在订单中直接输入想制作的菜品，如鱼香肉丝，并输入就餐人数，即可在社区智能取货箱拿到所有蔬菜、肉类原材料、关调料及菜谱。消费者线上下单后，就可以在最短时间内收到近社区门店配送的生鲜产品及配料，简化消费者的购买过程，节省时间。

（2）做精品不做杂货店。

在当前便利店市场的形式异常严峻，已经有很多很成熟的便利店巨头，想要在便利店市场成为“新宠”，就要符合现在人们的消费需求。消费者的消费习惯已经变成更高级的精神需求，有特色的、性价比高的、精益求精的产品才能让消费者青睐。所以“正大生鲜”要坚持做精品为主的思路——“做精品不做杂货店”，以精致、健康、品质生活为主导，为消费者提供高品质、可溯源、可信赖的生鲜产品，进而区别于农贸市场及小型夫妻店。

3. 逐步扩展消费场景，打造“社区厨房”

目前，正大优鲜大部分店面仅有100多平方米，销售蔬菜，包装食品，冷冻冷鲜产品等，产品种类偏少，消费场景单调。在今后的发展中，正大优鲜应根据店铺所在区域，逐步扩展消费场景，例如在店铺内设置座位供消费者休息，设置食品加工区、即饮咖啡、就餐区等，发挥门店场景消费、体验消费的优势，与线上购买形成优势互补。店内体验区配备微波炉、饮水机、咖啡机等厨房用具，顾客在店内购买半成品是可自行在微波炉内进行加热，体验区桌椅设置爱心专座（婴儿专座），可专门为城市环卫工人等设置，并且为他们免费提供热水，并为早上无法做早饭的上班族提供安全又健康的正大熟食品。体验区里还配备榨汁机、绞肉机之类的厨房用具，让消费者自己动手把店里自有的现代食品加热享用。

正大集团在北京投资兴建了目前亚洲最大、中国第一的鸡蛋“一条龙”生产线，鸡蛋以“不添加色素、激素、抗生素，天然玉米黄”而闻名。因此，正大鸡蛋在社区门店应设置专门区域进行销售、展示，同时可以设置由消费者自己动手烹调的区域，体验正大鸡蛋的品质。正大优鲜其自有产品除了传统的菜包，馄饨之外，还有一些颇具创意的甜品产品如西米露，以及国外进口产品如南美白对虾。因此正大优鲜将产品按场景分成了“cook tonight”（冷鲜蔬菜和冷冻肉），“enjoy today”（乐享缤纷美味），“ready to eat”（精选尚品佳肴），这在业内属于首创。在今后的发展中，配合门店的烹饪、就餐、休闲场景，可以将正大生鲜产品与消费者体验高度结合，打造“社区厨房”。在社区O2O门店真正实现“只需步行几分钟便可在现代、温馨、舒适的购物环境中解决一日三餐。上班路上买一个热腾腾的包子或新鲜面包配上现磨豆浆或咖啡；午餐点购一份健康便当搭配酸奶或水果；又或是晚上下班途中顺带采购晚餐伙食”，解决消费者不同场景的消费需求。

正大生鲜社区O2O的渠道模式符合现代年轻消费者追求便利、品质的消费理念，但是在消费者培育上还需要一定的时间。改变消费者对于冷冻产品不新鲜、口感不好的刻板印象。针对其核心的自有产品及时灵活调整库存，后台积极记录消费者的数据进行预测规划，满足消费者变化的需求，明星产品保持货量、搭配新品、借助场景鼓励消费者品尝，从而逐步改变消费者的观念。

4. 社区O2O线下门店未来发展

随着消费升级，社区O2O将成为消费者消费购物、享受社区服务、日常生活的重要形式，而正大生鲜社区O2O门店应跟随这种趋势，逐步扩大规模，实现更多的服务功能。

（1）纳入物业社区O2O，为社区居民提供便利服务。

现阶段，社区服务体系越来越完善，“正大生鲜”作为社区生鲜便利店，必须领先抓住这一机会，为社区居民提供更多的便利服务，成为社区服务的主要参与者，建立与社区居民的稳定联系。

（2）接入智慧社区。

智慧社区是以社区居民的生活场景为中心，它包含社区居民的衣食住行以外，还包括社区物业、金融等各个社区服务体系。这个服务系统会让社区居民与居民之间的联系和社区居民跟商家卖家之间的联系也会在一定程度变得更为紧密，成为上下一体的社区建设。智慧社区在未来会成为一、二、三线城市的众多社区的主流，“正大生鲜”O2O社区店应积极的领先争取接入智慧社区，成为社区服务、金融、生活、消费的主力企业。

（三）提高物流配送效率

生鲜电商作为新兴的市场蓝海，在物流配送方面一直面临着诸多难题，尤其是“最后一公里”的物流配送，痛点很多。不同于普通商品，多数生鲜产品需要冷藏或冷冻存储，配送也需专门的冷链物流。行业权威人士表示，生鲜产品的配送成本因此比普通商品至少高30%。而且当前国内冷链物流体系并不成熟，借助第三方物流必然影响用户体验，自建冷链物流成本太高，企业无法承受。

与传统零售相比，“社区+生鲜+O2O”迎合了新零售的发展趋势，运营效率方面大大提升，人均产出大幅度上升，在人效和坪效两方面都远远高于传统零售，解决了传统零售行业的两大痛点。

1. 制订配送计划

主要涉及制订物流配送计划、规划配送区域、规定配送服务水平。制订配送计划时要注意到的要素有以下几种：客户的订单量、距离、配送时间和地点等；配送的运输方式和车辆种类由上述的配送要素和配送性质特点来决定；现有的库存；现时的交通条件。考虑到以上述相对应的要素才能更好地决定配送的时间、配送的车辆、规定装取货物等推算制定出最佳配送路线以及频率。

2. 交货方式

（1）送货上门。

根据顾客的需求将货物送到顾客指定的地点，实现门到门的服务。在生鲜产品送货上门的过程中，顾客的投诉、退换货物及其赔偿等问题会给予认真及时的人性化对待，提高“正大生鲜”门店的认知度以及在消费者心目中的好感度。

（2）设置取货箱：打造“智能微菜场”。

取货箱可以为顾客提供更加便利的服务，在顾客不便于自提货在家中收货的情况下，取货箱可以有效发挥其优势。同时，取货箱可以有效降低人员配送的成本。正大生鲜可以在顾客群体密集、购买频率高的社区先期设置控温取货箱，打造“智能微菜场”。

生鲜产品对于取货箱的温度要求很高，不同的蔬菜、肉类、水果产品需要不同的温度，对于产品包装要求也较高，因此前期设置取货箱成本较高，但后期可以有效地降低配送成本，提高效益。

【案例评析】

生鲜电商作为电子商务的新兴领域，商业模式尚在探索之中，但已经越来越受到社会各界的关注。在“互联网＋”的政策背景下，生鲜电商具有良好的发展空间和市场需求。但同时，生鲜农产品具有固定的生产周期、生产规模小，由于时效性、易损性和大需求等特性，增加了流通难度，导致生鲜电商不能像普通电商那样快速发展起来。

因此，做好生鲜社区O2O并非易事。正大生鲜要做好从产地到消费终端的整个供应链的各个环节，线下运作环节包括品质的监管、中途物流配送的控制、“最后一公里”配送服务的精准，线上运营应该打造更完善的平台、销售模式不断创新、用户体验不断升级。由于生鲜产品的特性，正大需要根据企业自身的运营模式和配送方式，投入适合的、与之相适应的冷链物流设备，确保产品的新鲜程度。根据企业自身情况借鉴其他电商创新的物流配送模式，改善自身的配送模式，提高用户体验。

【案例讨论】

1. 企业渠道选择的依据是什么？请结合案例分析生鲜类产品线上、线下销售的优缺点。

2. 请结合案例分析正大生鲜产品为何要采取社区O2O的渠道运营模式。

3. 请结合相关理论和自身消费体验，为正大生鲜产品设计一种渠道模式。

4. 请结合案例分析国内生鲜电商主要的渠道运营模式，并分析国内生鲜电商未来的发展趋势。

【参考文献】

1. 张丽丽：《“互联网+农业”背景下我国农产品电子商务发展及问题分析》，载于《通讯世界》2017 年第 2 期。

2. 狄昌娅、竺杏月：《我国农产品跨境电商出口困境与对策研究》，载于《对外经贸》2017 年第 2 期。

3. 高淑娟、尹衍波：《跨境电商农产品的发展策略研究》，载于《山西农经》2017 年第 12 期。

4. 曾蕙：《我国农产品在跨境 B2C 平台贸易现状及问题分析》，载于《现代商贸工业》2017 年第 16 期。

5. 解新华：《“互联网+”环境下我国农产品电子商务模式研究》，载于《商业经济研究》2016 年第 18 期。

6. 杨柳、翟辉、冼至劲：《生鲜产品的 O2O 模式探讨》，载于《物流技术》2015 年第 3 期。

7. 苏李、臧日宏、田国英：《中国农产品加工业集聚与绩效评价》，载于《软科学》2011 年第 3 期。

8. 正大集团官网，http：//www. cpgroup. cn/。

9. 吴健安、聂元昆：《市场营销学（第六版）》，高等教育出版社 2017 年版。

第十章　促销策略

促销策略是企业与目标市场沟通的策略。随着技术的进步，在互联网时代，促销策略也在不断变化。企业需要根据营销环境的变化不断尝试与目标市场进行有效的沟通。

第一节　江小白：青春小酒的微营销

【相关理论】

促销是企业与消费者沟通信息的主要方式。企业利用人员推销、广告、公共关系、营销推广等促销手段，使消费者了解产品，激发其购买欲望，促成购买行为的发生。

【教学目标】

1. 通过本案例学习，正确理解促销的含义。
2. 掌握企业促销的主要方式。
3. 了解促销组合应考虑的营销因素。
4. 认识互联网时代促销组合的创新策略。

【案例正文】

重庆江小白酒业有限公司（简称“江小白”）是一家集高粱酒研发、酿造、分装和销售于一体的专业酒业公司。公司产品面向青年消费者，产品包装简单有特色。2012年江小白推出单纯高粱酒产品“我是江小白”。并通过2012年12月21日在重庆举行名为“第一届约酒大会（主题‘醉后真言’）”的活动将产品推出市场。江小白采取拟人化的产品名称、包装设计，打动了消费者。开业5年时间，营业额达到10亿元。

一、江小白的起源

白酒一直以来主要面对中老年消费者，消费场景较为固定。江小白将目标顾客从中老年人转向了年轻人，以年轻人的喜好打造了一个全新的品牌。无论是从产品的包装、口感工艺等方面，都做出了大胆的尝试。

低度化是江小白酒业对白酒年轻化做的第一个尝试，已推出果酒、白酒不同产品线，果酒主要为低度酒，白酒为40°～60°不同度数的酒产品。第二个尝试就是推出拟人化的品牌形象，以漫画的形式拉近了用户的关系，更有亲近感。直观更可爱的二次元漫画形象，针对年轻用户追求个性、放肆青春的生活态度，找准了自己的产品定位，即“提倡直面青春的情绪，不回避、不惧怕，与其让情绪煎熬压抑，不如任其释放”。江小白对于自身产品和目标受众有着精准的定位，并通过吸引人的文案，获得消费者的认同。

二、江小白的品牌定位

面向青年消费者，江小白注重与消费者的互动，通过网络媒体与消费者进行“社交”。江小白观察到，年轻人提倡释放自己的情绪，因此确立了“释放情绪，社会回归”的品牌定位，并举办一系列活动与目标顾客拉近距离，提高产品知名度。例如，江小白与音乐人合作创作了《重庆的味道》《你好，重庆》等音乐，将中国传统民乐与电音融合，实现传统文化老味新生。江小白还在线下开展“只存在一天”的小酒馆活动，把混饮这种时尚又新奇的喝法介绍给年轻人，给他们的生活带来调剂。此刻，酒不是酒，而是情感的寄托。

青年人作为时代的新生力量，极具活力与热情，在社交方式上也具有特殊性，除了面对面的传统社交方式以外，各种网络社交媒体也获得了年轻一代的青睐。不同于传统白酒的餐桌社交功能，江小白看到了年轻人更丰富多彩的社交需求，组织各种线下酒会吸引消费者。白酒没有了以往的稳重、成熟形象的限制，成为了年轻时尚的消费品。

三、江小白的互联网传播组合拳

江小白在起步阶段就把推广平台瞄准在社交媒体上。除了地铁的广告之外，江小白几乎不做其他传统行业的广告。主要采用社交媒体的营销策略，例如属于新媒体的微信、微博营销。同时打造江小白瓶身广告的自媒体，然后根据江小白本身 IP 与在相同文化的文娱行业进行跨界合作，打造江小白年轻品牌。社交媒体可以和消费者近距离互动，传播速度快、运营成本低，目标用户精准。江小白在社交媒体上精耕细作，越来越多的消费者开始关注他，并参与进来，构成品牌传播的一个环节，打通了产品、品牌、传播、内容的营销边界。

（一）微博营销：持续制造热点话题

江小白曾主推活动“遇见江小白”，任何人只要在现实生活中遇见和江小白相关的事物，比如广告牌或是实体的江小白酒，只要拍照发话题微博并且@我是江小白，即可参与活动并且有机会中奖。简单便捷却极具传播力的参与方式，为江小白提高了影响力。主推的线上话题“我们约酒吧”和同期推出的千人约酒大会，抓住了年轻人喜欢朋友聚会的心理特性，加上微博的扩散效应，宣传效果非常明显。

（二）内容营销：情怀引爆全场

2015 年，江小白在长沙制作了一条情怀视频：江小白版《友情岁月》。让大部分的 80 后和 90 后，不管喝酒的还是不喝酒的，都记住了江小白。“情怀营销”的高质量内容已经完成，接着就是高质量的推广了。江小白当时调动全湖南的新媒体渠道，微信公众号、朋友圈、社群、网红全覆盖，统一在周三晚 8 点集体传播，24 小时实现阅读突破 100 万。30 天后，该视频的点击率已经达到亿人次。江小白继而利用权威网上媒体和报纸、杂志等传统纸质媒体进行跟进报道，开始了第二阶段的公关营销，持续提升品牌热点。当时，这个营销事件变成了一个新闻热点，在区域市场引起了很大反响。

2016 年，江小白推出“拾人饮”系列。这是中国第一款定位为“团队建设管理用酒”的酒。我们看过很多要喝酒的聚会，但是我们没有遇到过一款专门为聚会而生的酒。所以，江小白精确定位的“拾人饮”出现得刚刚好。它不仅抢占了即饮终端的黄金陈列位，而且引发了消费者在接触该产品时进行主动传播。

（三）整合营销：线上线下联动

2016 年江小白频繁出现在各种青春影视剧中如陈坤的《火锅英雄》、孙红雷的《好先生》、黄磊和海清的《小别离》、邓超的《从你的全世界路过》、朱亚文的《北上广依然相信爱情》，以及各种网络剧场景植入。江小白针对不同的 IP 植入制定了不同的组合营销活动，通过线上线下的联动，实现最大的营销效果。从影片上映前的影视宣传定制海报、影视宣传定制产品纸套、楼宇框架广告、户外高炮广告等媒介组合投放，到微信 H5、微信微博新媒体持续互动，最终实现产品销售。

2017 年，江小白在“双十一”当天推出了 99 份限量版的“一生一世酒”。客户在“双十一”当天支付 11 111 元即可进行抢购。如抢购成功的话，客户每月会收到商家寄送的酒，每年会获得生日礼包以及新品体验包，以及江小白语录定制产品。而且这项权益可以无限期延续，由客户的直系亲属继承。江小白还定制了一份特权书，让客户感受到前所未有的重视感和仪式感。不仅满足了现代人渴望被重视被关爱的情感需求，还契合了现代人爱分享的心理，将用户体验提升到一个更高的层次。

【案例评析】

互联网时代，酒香也怕巷子深，好产品要有好故事、好媒介才能广而告之，深入人心。促销从单一、线下发展为更具有即时性与交互性，更需要组拳发力，并肩作战。今天的消费者不仅要求企业的产品实体个性化、社群化，还要求产品从气质、内容上满足消费者的心理需求。在互联网时代，利用传统媒体与新媒体，打造更具有吸引力的传播内容，与消费者同频共振，是当今企业需要关注的重要问题。

【案例讨论】

1. 江小白采用的新媒体营销方式有哪些。
2. 请分析江小白目标群体的特点。
3. 江小白使用了哪些沟通手段与目标群体开展互动与交流。
4. 在消费升级的背景下，企业如何开展数字化的营销。
5. 企业可采用的创新性的新媒体促销方式有哪些。

【参考文献】

1. 项目哥：《江小白社会化营销：一瓶酒里的情怀，5 年卖掉 10 个亿》，搜狐网，2018 年 6 月 7 日，http：//www. sohu. com/a/234446451_100190298。

2. 重庆江小白酒业有限公司，www. jxbscbd. com。

第二节 小罐茶：传统与现代的跨界传播

【相关理论】

促销组合是企业基于促销目标，产品特征、市场环境、预算要求等因素，合理选择与运用多种促销手段。各种促销手段的功能、方式和目的有所不同。其中，广告是通过特定的媒体传播商品或劳务等有关经济信息的大众传播活动。公共关系与企业各方利益相关中建立良好关系，从而企业树立良好形象的沟通活动。

【教学目标】

1. 正确理解促销的含义，认识促销对企业营销的重要作用。
2. 明确广告的含义，正确选择广告媒体，做好广告设计。
3. 理解公共关系的本质含义与特征，了解公共关系的实施进程。
4. 正确制定企业促销组合决策，理解促销组合的影响因素。

【案例正文】

北京小罐茶业有限公司（简称“小罐茶”）于 2014 年成立，旨在“打造世界级的中国茶品牌”，销售普洱生茶、普洱熟茶、龙井、大红袍、清香铁观音、浓香铁观音、黄山毛峰、茉莉花茶、滇红、白毫银针以及商务茶具。小罐茶邀请 8 位制茶大师担任“产品经理”，通过产品标准化生产、创新产品包装等策略致力于打造高端中国茶。

一、小罐茶的起源

（一）小罐茶的开发

中国茶的产量几乎占到全球的近四成，市场消费规模高达3000亿元，但由于缺乏准确的市场定位、忽略消费需求、有品类无品牌等一系列因素，品牌茶企在其中比例不足10%。甚至被人认为是“黑暗森林”——土、奢、繁、没价、没标准。据统计，我国约有7万多家茶叶企业，但是没有一家市场份额超过1%，品牌知名度也普遍不高。而历史名茶的品类知名度颇高，如铁观音、龙井、碧螺春等，因而大多数茶叶产品在营销推广中都是以品类为主。小罐茶跳出了品类思维的局限，用横向品牌思维打造产品，定位为“现代派中国茶”。经过3年考察走访原产地，小罐茶选取了6大茶系里的10种茶，每种茶只做一款高品级的产品，所有产品统一等级，统一定价。由于茶叶属于差异性不高的产品，同样的普洱茶价位1 000～10 000元不等，行外人很难喝出差别，所以小罐茶请8位业内权威的制茶大师为产品品质把关，作为公司的“产品经理”，为品牌背书。这8位大师基本都是国家非物质文化遗产传承人，覆盖6大茶系8种茗茶，他们不仅拥有优秀的制茶技艺，还拥有产区、生产厂家的优势资源。小罐茶和他们合作，由小罐茶提出产品开发需求和成品品质要求，由大师监制并生产。以他们的技术和经验确保产品的品质和稳定性，“小罐茶，大师造”成了品牌最为突出的亮点。

（二）小罐茶发展现状

1. 销售额快速增长

小罐茶于2016年7月正式上市，在此之前，他已在线下做过近一年的产品试销，并且十分低调。从百度指数可以看出，在2016年7月前，几乎没人搜索“小罐茶”。小罐茶尝试把复杂的中国茶做简单，把传统的中国茶做时尚，把繁琐的品饮变简便，把产地品类思维导向品牌思维的思路，开启了茶行业的标准化、品牌化、年轻化。截至2018年11月，小罐茶全国门店约650家，销售额突破20亿元，实现营收10亿元。

小罐茶体验店打破了传统茶店只以卖茶为目的，强化品茶闻茶强化茶的观感，品牌故事渲染茶的价值，服务员更像是一位“茶友”，聆听消费者内心需求，给他们选择的建议，在需要的时候提供友好的帮助。整个过程，更像是“老朋友间的茶话会”。

2. 品牌定位独树一帜

传统茶叶企业，大都瞄准了这样的一个消费群体：人到中年，兜里有钱，面子消费。这样的一群人在茶叶厂商眼里是面目模糊的，隔着多层大大小小的经销商，隔着各种大大小小的渠道，他们更像是冷冰冰的销售数据，而非活生生的人物画像。而在营销套路上，无非是“经典传承”“历史底蕴”“奢华大气上档次”等说辞。而小罐茶把目光投向了更年轻的消费者，具体为80后“年轻精英”，尽管他们受众定义中的80后最大的也已经奔四。在品牌定位上，小罐茶把自身定义为“现代派中国茶”，无形中顺便把竞争对手也定义为“老派茶”。在品牌定位上，与传统茶企拉开了很大的距离。客户群基本锁定30岁以上的中高端消费群体，品牌设计是为茶行业原有的高端消费群体量身而设的。瞄准目标客户，基于人性的优点和弱点去寻找痛点，这是建立品牌的关键。

二、小罐茶的促销策略

2016年，小罐茶足足长达3分钟的广告片登陆央视和各卫视黄金时段，给全民做了一个茶文化的普及教育。除了央视广告，小罐茶还投了机场户外、飞机高铁杂志、朋友圈、互联网等全方位的广告轰炸。仿佛在一夜之间，小罐茶就火了，不仅成为人们茶余饭后的谈资，也成了媒体及营销人研究的题材。

（一）选择传统媒体大规模投放广告

2017年初，小罐茶在央视大规模投放广告。通过3分钟的广告投放，实现企业及产品知名度的快速提升，也在消费者的心中建立了高档产品的品牌印象。

（二）新媒体直播同步推进

为了获取年轻的消费群体，小罐茶展开了主题为“一罐打破一贯：用苹果思维创新中国茶体验”的对话，并且在网易新闻和一直播同步进行直播。还和一些符合目标客群消费习惯的自媒体，比如逻辑思维、吴晓波频道等进行合作，传递小罐茶的品牌故事和品牌价值，通过多元化的新媒体平台和消费者的日常生活产生链接。

（三）与互联网平台积极合作，拓宽广告投放渠道

小罐茶不仅有高品质的央视广告投放，还覆盖了线上线下各种广告渠道。小罐茶与逻辑思维、滴滴打车、一条等互联网平台合作。比如在逻辑思维进行春茶预定，一天销售额突破百万元。电商平台上的春茶预售活动也备受网友追捧。在中国各大展销会上频频亮相，引起关注。小罐茶通过产品创新直接改变了喝茶场景，从功夫茶的消磨场景，转向了自给自足的快餐场景，增加了新群体的使用契机。高端精美的礼品包装，也满足茶叶送礼这一常见场景，且因为知名度高和价格高这两点更加收到人们的青睐。

（四）跨界公关活动持续推广

2018年4月，小罐茶邀请明星拍摄茶园时尚大片。广告内容为邀请演员陈乔恩来到小罐茶安吉茶园，体验了一趟别样的春日采茶之旅。在小罐茶副总裁徐海玉和制茶大

师、非遗传承人许万富的陪同下，陈乔恩漫步于春日茶园中，远离了城市的喧嚣，尽情感受大自然和春茶的魅力。活动当天，小罐茶还邀请中国时尚摄影师、视觉艺术家陈漫现身茶园，为陈乔恩拍摄了一组春日茶山大片，将小罐茶所兼具的传统中国茶之美与西式极简设计之美相结合。拍摄过程中，陈漫多次运用充满中国传统茶文化特色的元素，如斗笠、茶篓、炒茶锅、茶农等。女主角陈乔恩则身着现代华服，头戴斗笠，造型极具时尚感。西方时尚美学的冷傲与充满东方韵味的自然茶园产生强烈的符号冲突，同时也喻示着传统与现代的极大反差。小罐茶的跨界公关活动策划，利用春茶上市的时间点，借助明星的号召力，通过不一样的创意形式，把中国茶现代、时尚、优雅的气质传递出去。茶对中国人来说，并不是一件新鲜事。但因为长期与时尚绝缘，与现代生活方式有一定距离，小罐茶希望能用创新的传播形式，改变人们对茶的印象。

小罐茶通过这一次时尚视觉大片的全新传播方式，能够更直观而真切地让年轻消费者看到一个与传统茶截然不同的现代茶品牌，一个不断拥抱都市生活美学的现代茶品牌，一个力图为整个茶行业焕发新生机的现代茶品牌。

小罐茶定位于高端茶，上市后改变了中国高端茶叶以礼品茶为核心的现状，小罐茶的自饮比例呈上升趋势。小罐茶线上主要消费者的年龄构成为 18 ~ 35 岁，比传统茶行业的消费者平均年轻 10 岁。小罐茶相对赶上了一个更好的契机，大国自信下的“茶文化”逐渐兴起，各种时尚茶品牌一起进入年轻市场，喝茶变成一种健康又时尚的潮流风尚。小罐茶切中了茶叶市场的品牌空白，以高频次的广告全方位覆盖，直接在潜在顾客心中形成了高端茶叶的价值定位，在品牌及市场营销层面，可以说是非常成功的。

【案例评析】

一直以来，中国原叶茶作为农产品为外界所认知。每次提及茶，人们总想到复杂的喝茶流程，眼花缭乱的茶叶品类，自动化、标准化普及率较低的生产流程，都或多或少让年轻一代消费者望而却步。在消费升级的大环境之下，小罐茶秉持“做中国好茶，做好中国茶”的企业理念，在营销方式上更加贴近年轻人，小罐茶的活动营销是年轻化营销的较好展示。

【案例讨论】

1. 小罐茶是如何进行传统与现代跨界传播的。
2. 小罐茶选择促销方式的依据有哪些。
3. 在消费升级的背景下，企业如何开展有效传播。
4. 请你为小罐茶高端品牌定位，设计一个促销方案。

【参考文献】

1. 品牌官：《一罐茶一年卖出 11 亿，爆款背后的秘诀是什么?》，搜狐网，2018 年 6 月 28 日，http：//www. sohu. com/a/238112530_762514。

2. 《小罐茶　卖茶还是卖包装》，新金融观察报，2016 年 12 月 26 日，https：//3g. 163. com/news/sub/T1555312466205. html。

3. 北京小罐茶业有限公司，http：//www. xiaoguantea. com。

4. 吴健安、聂元昆：《市场营销学（第六版）》，高等教育出版社 2017 年版。